華志文化

華志文化

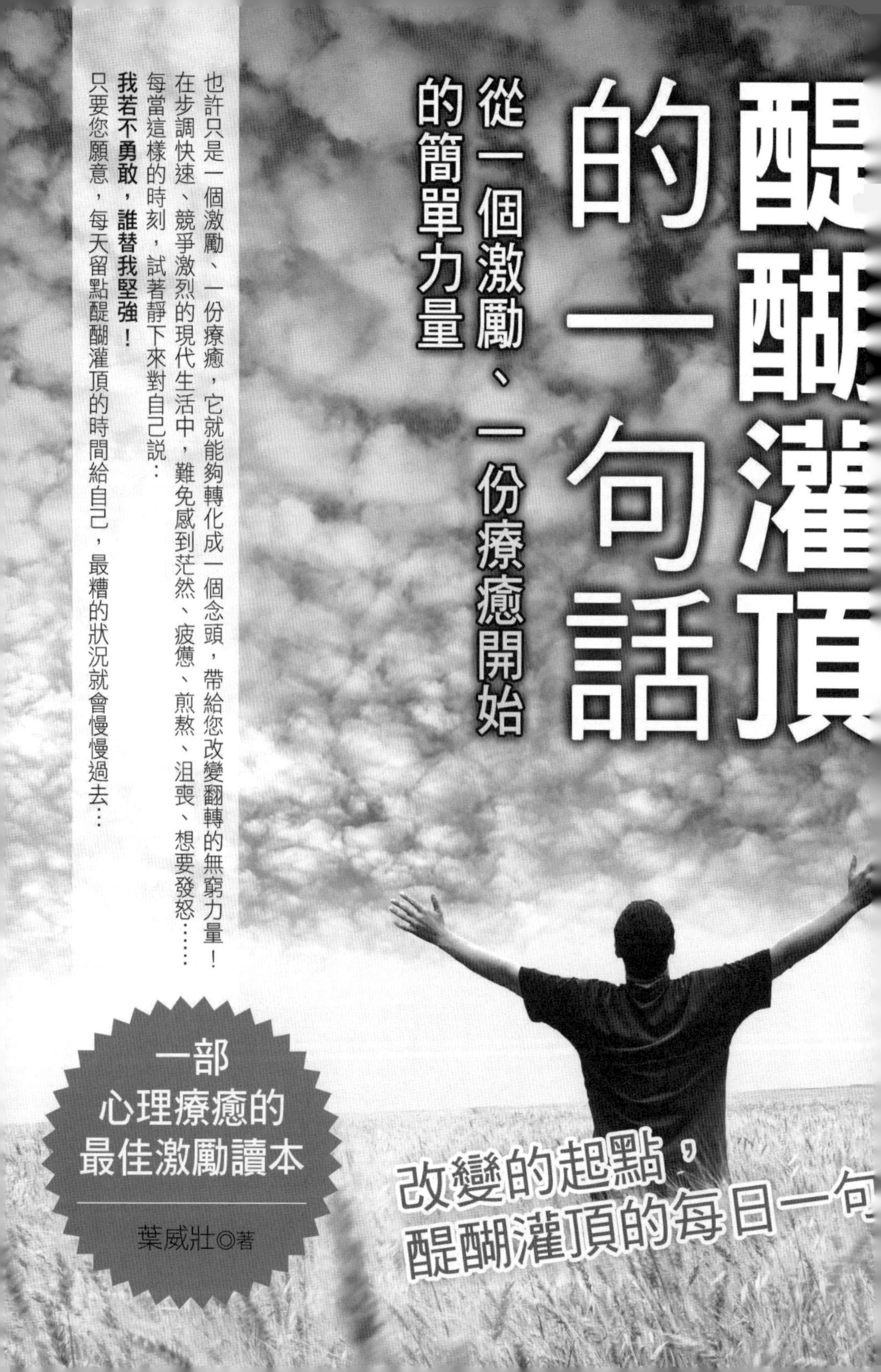

醍醐灌頂的一句話

從一個激勵、一份療癒開始的簡單力量

也許只是一個激勵、一份療癒，它就能夠轉化成一個念頭，帶給您改變翻轉的無窮力量！

在步調快速、競爭激烈的現代生活中，難免感到茫然、疲憊、煎熬、沮喪、想要發怒……

每當這樣的時刻，試著靜下來對自己說：

我若不勇敢，誰替我堅強！

只要您願意，每天留點醍醐灌頂的時間給自己，最糟的狀況就會慢慢過去……

一部
心理療癒的
最佳激勵讀本

葉威壯◎著

改變的起點，
醍醐灌頂的每日一句

★序言：想要改變，就從醍醐灌頂的每日一句開始吧！

朋友們，回顧一下自己每天的生活，如果扣除了工作之外的時間，您最常做的事是什麼呢？是低頭滑、回 LINE、逛臉書、打手遊、追韓劇嗎？每天睡前的一個小時，又都做些什麼呢？是不是覺得每天的生活越來越像在機械化的陀螺旋轉下感到有些茫然無措呢？有沒有在不知不覺中，把自己的人生過得變成是上班賺錢、下班花錢、買名牌、跟排隊、PO炫耀文等別人來按讚的重複循環裡呢？

的確，網路與智慧型手機的普及徹底的翻轉了我們的生活方式，它帶來了資訊唾手可得的無窮便利，卻也讓無止盡的訊息與連結淹沒了原本天下本無事的簡單生活。我常在想，每天社群網站上大家按讚分享傳來傳去的一大堆文章圖片，究竟大家看進去了多少，有沒有真的進入心坎裡呢？這就像用數位相機拍照的感覺一樣，反正隨便拍也可以隨便刪，什麼都能拍也什麼都不奇怪，只不過拍了一大堆之後，躺在記憶體裡的照片又有多少將來可能再拿出來回味的呢？

其實很多時候，我們需要的只是該讓自己的腳步慢下來讓心跟上，誠摯地跟心底那個最真實的自己說說話，暫時離開網路與3C產品的干擾，也許就是簡單的翻開一本書，然後靜下心來細細品嘗一行字、一段話、一篇文、一個章節，慢慢地咀嚼，這樣就能讓荒蕪茫然的心漸漸沉澱，並讓外在的喧囂擾攘舒緩下來！

所以筆者在此邀請您，一同重拾書本所帶來的踏實與沉靜，因爲閱讀的本身就是靈魂深化的探索歷程。在這本書的寫作方式上，我把每個人在生命中都可能遇到的難題分成十三大類，每篇都用提綱挈領的方式找出一句能夠立刻打入心坎裡的醍醐話語當成主題，有的是歷史名人的智慧，有些則是在社群裡被瘋傳的文字，我都盡量的將它們有系統的歸類，再加上自己的生命歷練與讀者們分享這些富含哲理的心靈體悟！

如果您願意的話，每天只要撥出幾分鐘讓自己醍醐灌頂一下的話，也許只是一個激勵、一份療癒，它就能夠轉化成一個念頭，然後帶給您改變翻轉的無窮力量，期盼與朋友們一起共勉！

CONTENTS

PART 3

關於遇見真正的自己

PART 4

關於簡單與幸福

PART 7

關於人生的真相

PART 8

關於友情與愛情

PART 9

關於終將逝去的青春

PART 10

關於我們所看見的世界究竟是什麼呢？

PART 11

關於情緒管理的智慧與EQ

PART 12

關於勇敢與堅強

PART 13

關於寬廣的心，寬廣的未來

★逆境永遠比享樂真實，痛苦永遠比快樂真實！

PART 1

關於自信與快樂

發自內心的快樂，絕對比得到別人眼裡的成功要重要一百倍。

因為真正的快樂，就是最偉大的成功！

一、您覺得，一生中最重要的事是什麼呢？

我不完美，可是我很真實；
我不富有，可是我很快樂；
我不成功，可是我很自信！

天空因大雨而變得更清澈，
地球因為有春夏秋冬而顯得多采多姿，
月亮因為有陰晴圓缺而變得更加美麗，
正因為知道不會一切完美，
所以讓我們懂得謙卑地感恩眼前的一切，
因為知道自己想要朝什麼方向而去，
所以更加懂得珍惜過程裡的一切遭遇，
並能夠學會自在地與最真實的自己獨處。

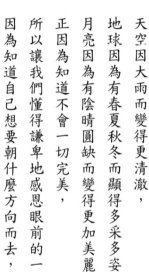

就算沒有達到別人眼裡所謂的成功勝利，
但心中擁有的卻是滿滿的踏實與豐饒，
那麼誰又能夠說這樣的人生不算成功呢？

記得讀過一篇故事是說，有一個小孩在學校裡，老師給他們出了一道作文題目叫做「我的志願」！小孩不知道該怎麼寫，於是回家趕快問爺爺，爺爺回答說那就寫你想當一個快樂的人好了，不過這樣你可能會拿零分，所以還是昧著良心寫好了，總統、立法委員、大老闆、科學家⋯⋯，這些大概都能拿高分！

只不過孩子左思右想之後還是覺得，當個快樂的人很重要啊，於是他很認真洋洋灑灑的寫了好幾百字，想說這麼用心怎麼可能拿零分呢？但結果正如爺爺所說的，老師把他叫來斥責說你是看錯題目嗎？要他回去重寫。

回家後爺爺看到這個情形跟孫子說，不要難過啦，錯不在你而是大部分的老師跟大人終其一生都沒弄清楚人生是什麼，不過你千萬要記得，當個快樂的人絕對是你長大以後要努力去做的事，因爲長大以後要像你現在這麼快樂很不容易喔！

後來，那個孩子也變成了爺爺，有一天他的孫子也拿了一模一樣的作文問題來問他，讓他不禁陷入回憶裡，想起了當年爺爺跟他說的那段話，也回首了自己從年輕、中年到老年生活的點點滴滴，於是他真的打從心底覺得，當年爺爺跟他說的，的確是超有道理的，因爲成爲一個快樂又有自信的人，這才是一生中最重要的事…

醍醐灌頂小語：

聽著孩子們天真無邪的童言童語，霎那間會使人明白自己離開正確的人生航向有多麼遠了。

……托爾斯泰

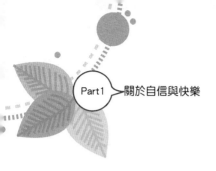

醍醐人物小檔案：

托爾斯泰（Leo Nikolayevich Tolstoy），（一八二八～一九一〇），俄國小說家。同時也是非暴力的基督教無政府主義者和教育改革家。著有《戰爭與和平》、《安娜．卡列尼娜》和《復活》等，被認為是世界最偉大的作家之一。俄國現實主義作家高爾基曾言：「不認識托爾斯泰者，不可能認識俄羅斯。」並在文學創作和社會活動中提出了「托爾斯泰主義」，對很多政治運動有著深刻影響。

二、真正的美食，是一道什麼樣的菜呢？

平平靜靜地吃粗茶淡飯，勝於提心吊膽地吃大魚大肉。

……伊索

限時兩小時的buffet，
一群人用衝地去搶高檔的食材，
龍蝦、生蠔、鮮魚、牛排⋯
然後拼了老命地把食物往嘴裡塞，
但因為人真的很多，
所以吃了之後就趕緊再去排隊，
不然就吃不到了。
好趕、好忙、好撐、好脹，
但同桌一起享受高檔料理的好友們，

卻因忙著吃而沒有時間開口好好聊聊，
有時不禁在吃完後會問自己，
這樣吃東西的意義究竟是什麼呢？

吃真的是件很有趣的一件事，民以食爲天，除非是仙，任何人都得吃三餐，如果以現在的外食族來說，在大台北的都會區，平均一餐要花到將近八十元左右。如果偶爾在假日想要犒賞自己，從幾百元到上千甚至上萬的鮑魚魚翅宴都有，只不過同樣都是塡飽肚子的一餐。

記得學生時代最興奮的就是去吃可利亞火鍋，因爲那時候吃到飽餐廳沒有這麼多，而它又是很平價的吃到飽，石頭火鍋只要一五〇元，火烤兩吃只要一九九元，舉目所及的食物都能吃下肚，眞是興奮到不行。

不過隨著吃到飽餐廳越來越多，越來越多餐廳爲了要拼翻桌率，因此大多限時兩小時，甚至還有些是九十分鐘就必須離席的餐廳。曾經分享過的親身經驗是，有一次與久未謀面老朋友碰面，我們選在一家知名的吃到飽燒肉店聚餐。

原本想說這麼多年不見，可以輕鬆地吃、慢慢地聊，結果沒想到一坐定後服務生立刻前來宣布因爲今天是假日所以用餐時間只有九十分鐘，於是我們聽完後馬上趕著拿取食材，然後快快把食物放到烤盤上烤，又因爲我們真的都對烤肉不是那麼有經驗，所以隨時都在注意翻面、上佐料、塗奶油、加水等等的事情，可以說是忙得手忙腳亂，而且時時留意著時間，深怕一不注意就到了規定的時間，就像在打仗一樣。

結果九十分鐘的用餐時間，完全就在忙著烤、忙著拿材料、忙著吃當中渡過，彼此間根本就沒講到幾句話，後來只好再到速食店去續攤！

所以漸漸地我會覺得，這種高價位吃到飽的形式其實用起餐來是很有壓力的，而且實際上吃的也不多，又無法在輕鬆的氛圍下好好地與共餐者聊天，所以漸漸也就比較少去吃。

當然，偶爾地犒賞自己吃些比較高級昂貴的料理當然無可厚非，但我想台灣社會在歷經過這麼多的食安風暴後，相信大家對所謂的美食應該會有一些更成熟的看法，因爲除了美味與否之外，是不是天然健康？跟誰吃？用餐時的心情等等⋯，其實並不亞於菜餚本身好不好吃的重要性！

因為若是與磁場不合的人、或是這餐飯是帶著以利益為目的的應酬，那麼就算是嘴裡嚼的滿漢大餐，其實不過也是枉然！朋友們，您覺得呢？

醍醐灌頂小語：

若以愉快的心情用餐，即使只有一盤菜，也是盛宴！

……普魯登修斯

醍醐人物小檔案：

伊索，據西方的傳說，約生活於公元前七世紀至六世紀，相傳為《伊索寓言》的作者，生平不詳，甚至難以肯定是否真有其人。

普魯登修斯（約公元四世紀至五世紀前後）古羅馬後期的著名詩人之一，早年曾研習修辭學，曾任律師，後開始進行文學創作，他的作品以基督教為中心，內容多變，常於抒情，對後世影響深遠。

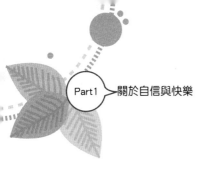

三、你，就是獨一無二的，千萬不要想變成別人

如果不能做自己，哪怕擁有再多別人渴望的東西，也會不滿足；哪怕過著令人稱羨的生活，也不會快樂。

……暢銷作家張曼娟

沒有一朵花是一樣的，沒有一片嫩葉是相同的，
大自然所孕育的所有生命，
都是獨一無二，
而每個人所遭遇的生命狀態也都是獨特而不能複製的，
在別人身上看似非常成功的範例，
那也只是在那個時空環境下的產物，
硬是套自己的身上不見得合適，

而且就算你拼命地變成了他也絕對無法滿足、不會快樂，
因為那不是真正的你！

真的不能否認，隨著年齡漸長後就會發現，「做自己」真的好難啊！小時候會就很單純地當個孩子就好，自己當然就是自己啊，所以做自己有什麼難的，不懂爲什麼還需要討論這個問題呢？

但是長大了之後漸漸地發現，我們無可避免的越來越在意別人眼裡的自己，拼命地想要讓自己變成那個既優秀又成功的別人，於是就在這追逐更多的過程中一點一滴的忘記了自己原本的樣子！

聊一個關於義大利著名女演員蘇菲亞．羅蘭（Sophia Loren）的故事。她從小，由於家境清寒，時常向當時的美國大兵要糖吃，所以在那時候的小小心靈裡蒙上了一層陰影，總覺得自己是永遠不如人的。」

十六歲時，羅蘭到羅馬闖天涯，片商帶她去試了許多次鏡頭，但攝影師們都抱怨羅蘭的長相與體態無法拍出吸引人的鏡頭。於是，片商建議羅蘭說，如果妳真想當演員，就得做美容手術，把鼻子和臀部重新整型。

當時她天人交戰了一陣子，最後決定拒絕片商的要求。她說：「我為什麼非要長得和別人一樣呢？我就喜歡我的鼻子，必須保持它的原狀。至於我的臀部，那也是我的一部分，我只想保持我現在的樣子。」

當然，決心不靠外表做自己的她不可能一帆風順，必然地在過程中經歷許多不足為外人道的艱辛，但卻因此換來了無價的踏實，羅蘭努力地琢磨內在的氣質和精湛的演技，終於在多年的耕耘後榮獲奧斯卡最佳女主角獎和終身成就獎，並在一九九九年被美國電影學會選為百年來最偉大的女演員第二十一名，且被評為本世紀「最美麗的女性」之一。

當然，適度的裝扮讓自己看起來更加賞心悅目絕對是無可厚非的，但千萬不能全然地失去了自己。想想看，一個連自己都不認識自己的靈魂，就算得到了全世界，但他真的能夠擁有發自內心的踏實與快樂嗎？

醍醐灌頂小語：

用最真實的自己，才能遇見生命中最適合自己的人；最好的戀情是，你可以徹底地做自己，並且另一半依然迷戀那個最真實的你！

四、無可取代的神聖價值

世上沒有卑微的工作，
只有卑微的工作態度！

工作時你們便是一根管笛，
時間的低語透過你的心化作音樂，
在工作中熱愛生命，
便是通曉了生命中最深處的秘密。
生活的確是黑暗的，除非有了渴望；
所有的渴望都是盲目的，除非有了知識；
一切的知識都是徒然的，除非有了工作。
當你們帶著愛工作時，
你們就與自己與他人與上帝合為一體

……紀伯倫

聊一個時常會看到的故事：有間正在興建中的教堂，一位路人剛好路過工地，看到有三個工人正在施工將牆面灌上水泥，於是路人好奇的問說：這個工程要蓋什麼呢？

第一位工人感到有些莫名其妙的說：就如你所看到的，我在灌漿鋪水泥牆面啊！

同樣的問題路人又好奇的問第二位工人，他回答：這就是個一般的建築工程，我在鋪水泥牆面啊！

而同樣的問題再問第三位工人，他答說：我在蓋一座莊嚴雄偉的教堂，蓋好之後會有很多人來這裡做禮拜呢！

再聊一個我周邊發生的例子，離我家最近的一家機車行，我是因爲圖個地利之便，所以像是例行性換機油齒輪油這類的保養就會就近在那處理，但每次我把車牽到店裡，老闆總是慢慢地從裡頭走出來，而且還邊走邊滑手機，等走到我這後才用很沒精神的口吻問：怎樣？

當他聽到是換機油後也什麼都沒說地開始換，而我的車其實算是古董級的老車了，所以常常有些奇奇怪怪的毛病。有一回我就問他說，最近有很多次騎到一半就熄火了，而且要發動個半分鐘才能啓動，於是他試了一下說，現在可以發動啊，而且你的車這麼舊了，可能整個引擎都有問題，拆開來很費工啦，就是一副不想幫我處理的態度。

後來騎在路上真的完全發不動了，於是我就在故障處的附近隨便找了一家機車行，那位老闆看到我是用牽的馬上快步前來幫我把車架起來，並且很親切的問：老闆您好，車子怎麼了呢？我就把大致的情形跟他說明，而他就立刻認真地診斷找原因，每試一個零件就跟我說明情形，最後找出病因修好後還把明細一一列出來跟我解釋…那家店雖然距離我的通勤圈較遠了些，但後來我都盡可能的連例行保養都去他那裡。

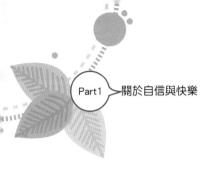

同樣是機車行，修的雖然是冷冰冰的機械，但整個過程強烈感受到老闆在工作態度上的熱忱，而這樣的態度讓我對他產生了信任感，更不會害怕被他亂換零件敲竹槓！

談到這，我想朋友們如果留意一下周遭很多細微的事情，類似的感受一定不會陌生。所以，我們看看別人，也反思一下自己在工作時候的態度，也許在外人看來是非常基層可以取代的工作，但只要態度是熱忱的，那就是一份最無可取代的神聖，您說是嗎？

醍醐灌頂小語：

在我們的一生中，最幸福的時候是全神貫注投入工作的時候。

……西方諺語

醍醐人物小檔案：

紀伯倫（Khalil Gibran）黎巴嫩詩人。中國作家冰心將紀伯倫和泰戈爾放在一起評價說：「泰戈爾是貴族出身，家境優越，自幼受過良好教育。他的作品感情充沛，語調明快，用辭華美。格調也更天真，更歡暢，更富神秘色彩；而紀伯倫是貧苦出身，他的作品更像一個飽經滄桑的老人在講為人處世的哲理，於平靜中流露出淡淡的悲涼。」代表作為《淚與笑》、《沙與沫》、《先知》。

五、「能」做的是工作，「想」做的是事業

所謂事業，就是今天做了明天還「想」做；
所謂職業，就是今天做了明天還「得」做！

這是網路上瘋傳的一段話，我想大多數的人看了一定會心一笑，而且心中一定會有另一個自己會跳出來問自己說，現在我做的工作，究竟是職業還是事業呢？究竟是還得做還是還想做呢？「得」與「想」雖然只是一字之差，但蘊含的價值卻是天差地遠！

除非您是老闆，必須負擔賺賠盈虧的壓力，否則當員工的人，大多數一定是超級期盼假日的到來，而且每當週五晚上來臨時，一顆心就像飛到天堂般的雀躍，但每當週日的晚間，就會像掉到地獄般的憂鬱不已。

但是，如果您曾經有過失業的經驗就會非常明白，在沒有工作的時候，因爲沒有週一當作對照組，所以很可能週五跟週一會是一樣的憂鬱。

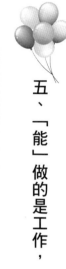

尤其對男人來說，工作上的成就似乎是自我肯定與自信養成的最重要來源，要是沒有工作的話，雖然有了很多時間可以休息，但失去了權力與成就感的加持，其實心裡的累會比忙得沒有時間還要疲憊好多倍。

甚至還有前衛女性人士打趣的說，一個男人性能力行不行，代表著他在工作上是不是順利，因爲權力是最好的春藥呢！

當然，除非您是金字塔頂端超級有能力的人，不然難以否認的是，我們大部分的人是挑能做的，而不見得那麼幸運的可以做自己喜歡的，所以工作說穿了就是爲了得到經濟上的酬勞而把時間拿來換金錢的過程，

只不過，延續前一篇談到的工作態度，就算是再基層的工作，也可以像故事裡第三個蓋教堂的那位工人一樣，把看似枯燥乏味的事變得充滿熱忱，也許有時我們會覺得，自己的工作誰來做不都一樣嗎？少了我似乎也不會有什麼不同啊！

但是，當我們還沒有能力或機會去做更有前途的工作之前，就該腳踏實地的把眼前的工作做好，努力的把能做的變成沒有那麼討厭的，然後再慢慢的從中找到些許的樂趣，也就是應該盡量的讓工作除了鈔票之外，

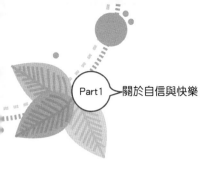

說不定做著做著，它也能漸漸得變成明天還想幹的事業也說不定呢？

醍醐灌頂小語：

世上沒有輕鬆愉快的工作，只有快樂工作的人！……千田琢哉

醍醐人物小檔案：

千田琢哉，日本作家。暢銷作品為《你不知道絕對會後悔的一〇〇句話》、《這樣講你一定會後悔的一〇〇句話》、《就算被討厭，也要勇敢說出來的一〇〇句話》等。

★「真相」只不過是勝利者告訴你的一個故事而已

PART 2

關於珍惜當下

生命的價值不在於能夠活多久，而在於如何能善用每一天！

因為我們沒辦法選擇怎麼死，或何時死。

我們唯一能決定的是怎麼活，就是現在。

一、只有想不通的人，沒有走不通的路！

人生中只有回不去的心情，
沒有過不去的當下！

世界上只有想不通的人，
沒有走不通的路，
因為就算是行到了水窮處，
不正也是坐看雲起時的最好時機嗎？
就算是走到了山窮水盡的盡頭時，
如果我們能夠把心底的念頭轉向，
把心眼裡的視角反轉，
那麼眼前的世界也就開始不一樣了起來，
而新的希望也必然在此刻誕生⋯⋯

幾年前紅透半邊天的偶像劇「犀利人妻」中，由隋棠飾演的安真在最後一集完結篇的時候，面對曾經最愛卻背叛了彼此婚姻的瑞凡說：我可以原諒，可是已經「回不去了」。

這其實不是一句新創的詞彙，它的原典是出現在張愛玲的作品當中，只不過在不同時代裡不斷被重新的引用，也都能引發熱烈的迴響與討論，我想是這句話很貼切說中了人們內心裡的真實情感。

的確，這世間無論我們再怎麼努力，都不可能阻止時間向前不斷的流逝，而被時間帶走的所有人、事、物，任何曾經再怎麼緊密的關係或感覺，過去就必然已經過去，我們可以從記憶的寶盒裡去省思、緬懷，就像突然聽到一首老歌，或是不經意的舊地重遊，很多逝去的情感會頃刻間地湧上心頭，但過去的就再怎麼也回不去了！

所以，任何人事物都會被時間帶走，不管是輝煌的還是痛苦的，美麗的還是失落的，但過不去的通常都是我們的心情，因爲某個非常深刻的記憶，它會狠狠牢牢的鎖在那個過不去的時空裡，然後反覆變形地折磨著我們，就算時間早就把它帶到好遠好遠…

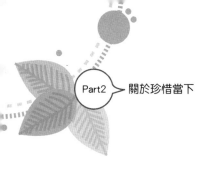

當然，除非我們是神或是佛，只要是人的話難免會被困在某個過不去的時空隘口中，因此當這樣的難關出現的時候，難過之餘，記得靜下心來反覆的默念並咀嚼這句話的真義，我想一定能夠帶給我們過得去、想得通的驚人力量！

醐灌頂小語：

智慧就是懂得割捨，勇氣就是在該放手的時候冷靜堅強地放手！

……西方諺語

二、預定今天要做的事，究竟是為誰而做呢？

如果今天是我人生中的最後一天，
那麼原本預定今天要做的事，是不是我真正想做的呢？
……賈伯斯

一早醒來，我們開始全新的每一天，
想想看，今天要做的事是為何而做呢？
是做著別人要我做的事？
還是別人會讚美我的事？
別人看了會羨慕我的事？
為了自己所愛的人所做的事？
為了攀求更多財富權勢的事？
真正為了自己想達到的目標而做的事？

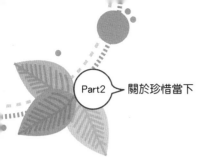

可以讓自己炫耀得到優越感的事？

能夠踏實平靜地過完一天所做的事？

談人生哲學、心靈養生的書籍與電影最喜歡假設的一個問題就是，如果你的生命只剩下幾天，那麼要怎麼度過剩下的日子呢？如果與下一篇的精神做呼應，也就是在您的心中，今天想要種下的蘋果樹會是什麼呢？

我們每天奮力去做的事情，究竟真的知道它的意義是什麼呢？有一個小故事是說，一位先生在例行的健康檢查被診斷出罹患癌症末期，時間剩不到三個月，一開始當然覺得呼天搶地的無法接受，然而在安寧照護的開導下，他的心情終於慢慢平靜了下來，漸漸地理出頭緒想要在最後關頭把一些事交代好。

首先他先到公司去辦離職，並向總經理推薦他的對手是最適合的接替人選，因爲現在的職位是他用盡心計，用不磊落的手段打擊對手得來的，所以他把事情全盤托出，並親自向對方道歉更稱讚他的能力。

接著他主動邀約分居的妻子與孩子們，希望能夠來趟簡單的旅行，重溫曾經失去的天倫之樂，過去因爲太過短視近利而忽略了他們，雖然不見得能夠全盤的找回那種感覺，但期盼能在最後的日子裡可以生活在一起。這些話他原本始終說不出口，但此時卻比酒後還有勇氣地說了出來！

然後他去跟好久沒有談心的年邁父母，跟他們閒話家常，並給予一個真心的擁抱。只不過，時間一點一滴過去，一個月、兩個月、三個月……他覺得自己身體怎麼好像沒什麼病痛，而且精神還越來越好，後來仔細再做檢查才發現，竟然是烏龍一場，原來是醫院把資料給弄錯了！恍然間他覺得這個玩笑也開得太大了吧，心裡不知是該笑還是該哭，於是帶著一顆混亂的心情無意識的在路上亂走，走著走著無意間路過了熟悉的彩券行門口，看到了一組熟悉的開獎號碼……那不是在得知癌末前他買的一張彩券嗎？

這當然是個詼諧的故事，但假如您就是故是中的主角，那麼此刻最該馬上做的是什麼呢？

趕快回公司申請復職也許還來得及？

控告醫院與醫師的疏失？

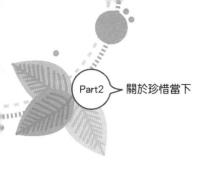

趕快去把那張彩劵找出來？

當然這都只是假設的情況，實際上我們知道自己的生命並不會在這麼短暫的時間內結束，因此就不大可能只替今天著想，但也因爲這樣，反而讓我們會看不清楚現在、當下該做什麼是對自己最有意義的呢？

因此，賈伯斯的這段話也許可以讓我們時時地警惕，應該更清醒地區分事情的先後順序與輕重緩急，這樣的話就算無常提前降臨，也能夠把可能的遺憾降到最低……

醍醐灌頂小語：

讓我們只為今天而活吧！別想一下子就把人生的問題解決，要不畏懼死亡、不怕享受一切美麗的事物，更不怕相信一切至善！

……牛頓

醍醐人物小檔案：

牛頓（Sir Isaac Newton，一六四三～一七二七），英格蘭物理學家。一六八七年他發表《自然哲學的數學原理》，闡述了萬有引力和三大運動定律，奠定了此後三個世紀裡力學和天文學的基礎。牛頓的一則著名故事是被一顆從樹上掉落的蘋果打到頭後，啟發了他對萬有引力的研究，而被稱為牛頓的蘋果樹，後被發現於劍橋大學的植物種植園內。

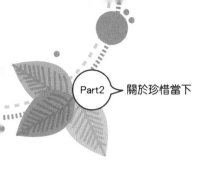

三、如果只能再活幾小時，您最想做些什麼呢？

即使我知道明天世界就要毀滅，
今天還是要種下我的蘋果樹！
……馬丁路德

延續前一篇的精神，這句來自於馬丁路德的話則是從生命盡頭的角度來詮釋活在當下的真義。

而有一個故事是說，某個以插畫爲主題的雜誌爲了炒熱發行量，於是舉辦了「世界末日的最後時刻」的插畫比賽，希望參賽者能以插畫的形式來描繪出當世界即將毀滅的最後時刻，會是一幅什麼樣的情景呢？

主辦單位希望大家可以天馬行空的自由發揮，當然是越有創意越好，而此舉也成功地炒熱雜誌的知名度，並在網路上引發了熱烈討論，一時之間前來參賽的作品堆積如山，每個人都盡情發揮自己的想像力，而比較多類似的情景像是：情侶們緊緊的擁抱在一起在大街上親吻著、一堆人在派對上高歌一曲並大吃大喝的狂歡著、鈔票整堆的在大街上燃燒著、富豪們企圖搶搭太空船想要離開等⋯

但是最後獲得最多評審們青睞的作品，卻是一張簡單到不行的作品，而且是一位平凡的家庭主婦用鉛筆以簡單的線條畫在一張包裝紙上的插畫，構圖的意境是一對夫妻正在廚房準備著晚餐，妻子正嚐著瓦斯爐上羹湯的味道，先生則切著即將入鍋快炒的青菜，孩子們則是在一旁堆著積木，而窗外看去是一個農夫在夕陽西下時，剛插完秧拿起斗笠並將鋤頭扛在肩上準備回家的景緻。

雖然構圖非常簡單，但這幅畫所要傳達的意念，卻很值得我們深思，而且我覺得非常適合跟馬丁路德的這句話來相互呼應，因爲只有在生命盡頭的面前，人們才能稍微清醒的知道自己究竟要的是什麼？再多金錢堆砌出來的歡樂與虛華，根本就只是泡沫而已，一戳就破！

眼前爭得你死我活的東西，真有那麼大的意義嗎？也許，當我們意識到生命是非常有限的時候，此刻的生命價值才會變得豐盈起來！

醍醐灌頂小語：

你沒辦法選擇怎麼死，或是何時死。
你唯一能決定的是怎麼活，就是現在！

……瓊、拜雅（Joan Baez）

醍醐人物小檔案：

馬丁．路德（**德語：Martin Luther，一四八三～一五四六**），德國基督教神學家，宗教改革運動的主要發起人，提倡因信稱義，反對教宗的權威地位。

瓊．拜亞（**Joan Baez，一九四一～**），美國鄉村民謠女歌手，作曲家，作品多與時事和社會問題有關，並於一九六〇年代活躍於反戰運動。至今表演已超過五十年，發行超過三張專輯，最著名作品為「Diamond and Rust」（鑽石與鐵鏽）。

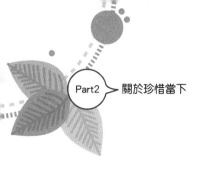

四、打開心、張開眼地體悟眼前的一切吧！

善用自己的眼睛，彷彿明天就會突然失明一樣。

……海倫凱勒

能夠睜開雙眼看見舉目所及的人、事、物，
可以張開耳朵聆聽到大自然裡的蟲鳴鳥叫與悅耳悠揚的音樂，
能夠起身站立並自由地行走，
可以打開胃蕾盡情地品嚐食物的美味，
願意主動露出微笑並接受親友的愛與關懷，
這些看似理所當然的小事，
一旦我們忽視、不懂得去珍惜，那麼就會等同於完全不存在…

這是來自於美國盲女作家海倫凱勒的名言，而這句話從她口中而出就顯得非常有說服力。她年幼時因爲一場高燒而導致失明，不但是眼睛看不見，耳朵也不能聽，更連開口說話的能力也喪失了，也正是所謂的三重障礙。

一直到六歲時，她才遇到了生命中的恩師蘇利文老師。蘇利文老師也曾經是先天的弱視患者，而且幾乎是全盲的狀態，後來動了九次的手術才重現光明，所以她非常懂得將心比心，因此才能有更大的耐心對海倫凱勒循循善誘，並對灰心喪志的她給予感同身受的鼓勵。

於是她帶著海倫走出戶外去體驗大自然的脈動，去觸摸花草樹木，去感受小雞從蛋殼孵化而出的生命悸動，並引領她親手操作汲水幫浦以藉此來體驗水的流動⋯就這樣地在蘇利文老師的用心帶領下，海倫凱勒終於漸漸地將自己封閉晦暗的心靈打開，並立志努力讀書且在學成後全心的投注於教育事業。

這幾年來「活在當下」變成了一句非常流行的口號，但在跟從流行的同時，我們有沒有真正了解它的意義呢?的確，大多數四肢健全、身體健康的人們，正因爲不曾失去過自以爲理所當然的擁有，於是以爲歲月就像多到數不完的數字那樣地可以盡情揮霍，因此才會過著渾渾噩噩、得過且過的浮誇人生！

其實，現在擁有的，也許下一刻就不復存在，明天與無常也無法預料誰會先到，所以我們能做的就是打開心、張開眼地用心體悟眼前的一切，我想這就是最偉大的幸福吧！

醍醐灌頂小語：

還沒有覺醒領悟的人們，儘管眼睛能夠看得見東西，卻等同於什麼也沒看見。

……馬克吐溫

醍醐人物小檔案：

馬克・吐溫（Mark Twain，一八三五～一九一〇）美國作家。他的好友海倫・凱勒曾言：「我喜歡馬克吐溫，誰會不喜歡他呢？即使是上帝亦會鍾愛他並賦予其智慧，因為他在心靈裡繪出了一道愛與信仰的彩虹。」大家最耳熟能詳的作品是《湯姆歷險記》，這本書描寫了他的童年點滴並模仿自己的性格，因而塑造出湯姆這個有趣的角色。

五、活到今天，您覺得自己的人生是悲劇還是喜劇呢？

人生近看是悲劇，
但若是拉成時間的長鏡頭來遠觀的話，
則通常都是喜劇！

……卓別林

朋友們，回顧過往，您有沒有發現，
許多悲傷、許多難關，
許多在當時覺得難熬到過不去的檻，
卻在此刻回憶起來，感覺竟是那麼樣的甘甜。
也許是因為任何事只要加上時間這個神奇的調味料之後，
幾乎都能夠烹調出令人回味無窮的甜美風味…
所以朋友們，也許此刻的你覺得難過悲傷，

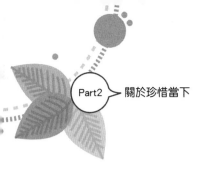

那就不要太過壓抑，讓他悲傷吧，
只是再怎麼難過我們都要堅定相信，
當有一天驀然回首的時候，
一定可以把這些全都盡付笑談中！

聊一個帶點禪意的故事，一位大師身旁跟著一個很喜歡抱怨的弟子，從他嘴裡說出口的話十句有八句都是抱怨的話，於是大師一直在苦思該怎麼藉由生活裡的一些小事來讓這個弟子能夠有所頓悟。

一日，大師派弟子去買鹽巴，回來後吩咐他說：「抓一把鹽巴放在一杯水中，然後喝了它。」

「味道如何？」

「哇，大師啊，真是苦到不行說！」

接著大師帶著弟子到附近一處有著天然泉水不斷湧出的青潭邊，他吩咐弟子說：「把剩下的鹽全都倒到潭水裡，然後嚐嚐味道！」

於是年輕弟子嚐了嚐後說：「泉水的味道依然清甜，不像剛才那杯

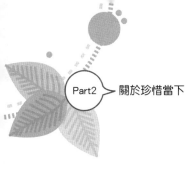

水那麼難喝！」

這個故事當中，大師就是希望藉著鹽來暗喻生活中所遭受的痛苦，而痛苦的味道會有多濃就是取決於你把痛苦釋放到多大的容器中，放到小水杯裡，當然會鹹到無法入口，但若是放到池塘、河裡或是湖中的話，那就一點都感覺不到任何的鹹味了。

同樣的，把這個故事的精神帶到卓別林所說的這段話裡就能明瞭，當我們把人生某個時空方格裡的悲傷與難檻放大到時光的長河裡就會發現，原本難過到不行的傷悲，竟然都變成了一齣齣充滿了回甘與趣味的喜劇！

所以當面臨到難熬的痛苦朝我們無情襲來的時候，記得除了難過流淚之外，一定要勇敢地站起身來張開眼地去眺望痛苦以外的其他事情，因爲世界很大，時間很長，只要我們願意在療傷的過程中慢慢地打開心扉，讓寬闊的世界進來，也讓流動的時間奔流向前，這樣痛的感覺自然就會漸漸被稀釋，那麼很快在不久的將來，我們必將會是這齣可以讓自己破涕爲笑的喜劇主角！

醍醐灌頂小語：

時間是世上最公正強大的力量，任何事務必須透過它的篩選才會變得清晰透徹；時間是真理之父，沒有任何東西能夠欺騙的了它！

……拉伯雷

醍醐人物小檔案：

卓別林（Sir Charles Spencer "Charlie" Chaplin，一八八九～一九七七），英國喜劇演員。最出色的角色是一個外貌為流浪漢，內心則充滿紳士氣度、穿著一件窄小的禮服、特大的褲子和鞋、戴著圓頂硬禮帽、手持竹拐杖、留著一撇小鬍子的形象，幾乎成了喜劇電影的重要代表。《摩登時代》（一九八六年）為最廣為人知的作品之一。

拉伯雷（Fran ois Rabelais，約一四九三年～一五五三年），法國文藝復興時代作家，人文主義的代表。他強調「做你願意做的事」，反映了人文主義者要求個性解放的信念。遺囑只有一句話：「我沒有什麼財產，我欠的很多，我所有的東西都留給窮苦的人們。」重要著作為《拉伯雷全集》。

PART 3

關於遇見真正的自己

您真的了解自己嗎？
為什麼愛上一個人？又為什麼會恨一件事呢？
到廟裡拜拜的時候，
嘴裡喃喃自語的想望是什麼呢？
但其實，祈求與修行並不是為了遇見佛與神，
而是為了遇見最真實的自己！

一、再忙，也要跟自己說說話！

世界上最困難的事情就是認識自己，
最容易的事情是武斷別人！

最強大的敵人……
最難以理解的……
最容易忽略的……
最不願花時間面對的……
最不肯用心傾聽的……
最無法看清楚的……
……永遠是自己……

朋友們，試著問問自己，我們真的了解我們內心的那個小孩嗎？是否有每天撥出一點時間陪他說說話，了解一下他到底在想什麼呢？如果試著觀察一下周遭的孩子們會發現，小孩總是喜歡自言自語的，就算是一個人玩著玩具，或是獨自遊歷的時候，常會看到他們總是喃喃自語的說些大人不見得是很懂的話，可能是在對自己說，也可能是對著玩具說，但不管如何，他們都是在跟反射出去的自己在說著。

只不過在長大的過程裡，被逼迫社會化的與更多人接觸，而不能只是活在自己的世界裡，所以如果是一個大人老是自言自語的話，那可能會嚇到周遭的人或是需要被強制治療了！

但不管年紀多大，人其實是需要時時找機會與自己對話的，因爲我們終日爲了應付社會化的需求而疲於奔命，很容易不知不覺地與真正的自己越變越疏離了！

聊一個來自愛因斯坦的父親告訴他的故事：父親說自己昨天與隔壁鄰居叔叔去清掃一座大煙囪，那煙囪很高所以必須要踩著裡面的鋼筋梯才能進去，但裡面只容得下一個人的空間，於是鄰居叔叔走在前而自己跟隨在後⋯

當清掃完後鑽出煙囪後，父親看到鄰居叔叔全身都被煙囪裡的黑灰給弄得髒兮兮的，而自己身上竟然一點灰都沒有，但當時兩個人並不知道這點，只是從對方的模樣來猜測自己的樣子，所以當父親看到鄰居全身都是黑灰的樣子，以爲自己一定跟他一樣，所以趕快跑到河邊清洗，而鄰居叔叔看到父親身上還蠻乾淨的，便以爲自己也是如此，所以只有洗個手就回去了，結果一路上看到的人都忍不住哈哈大笑！

其實，我們不也常常像愛因斯坦的父親一樣，總是從別人的身上來認爲自己是副什麼模樣，但卻始終無法清楚的看見自己…所以，不管再忙，我們都應該每天留個幾分鐘給自己，跟自己說說話，聆聽一下自己內心的聲音，因爲就算擁有了全世界，但卻對自己很陌生的話，那麼距離踏實的快樂可能就會越來越遠了…

醍醐灌頂小語：

有一種人全世界都認識他　只有他不認識自己！

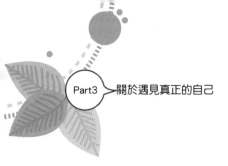

……拉丹封

醍醐人物小檔案：

拉封丹（Jean de La Fontaine，一六二一～一六九五），法國詩人，以《拉封丹寓言》留名後世，當中的故事大多來自古希臘的伊索、古羅馬的寓言，他把寓言體裁化陳舊為新鮮而推至另一個新高度。詩風靈活，詞彙豐富，擅長以動物喻人，並諷刺勢利小人和達官貴人。

二、要什麼？不要什麼？您能清楚分辨嗎？

當你還無法清楚知道自己要什麼的時候，
那就得先釐清自己不要什麼！

來個生活裡的狂想，
如果某天某大賣場來個超級大放送，
那就是開放一個小時的時間，
只要你雙手能夠拿的走的東西全部免費，
但不提供推車與購物袋，
假如真有這樣的機會，
您想好了要拿些什麼了嗎？

繼續先前提到的吃到飽話題，學生時因爲年輕，腸胃的彈性很大，所以大都不加思索的看什麼拿什麼，吃個滿滿的兩三盤後才開始覺得有些飽足感，不過頂多休息一下跟家人朋友聊聊天後，接著又可以繼續的奮戰，但隨著年齡越來越大，腸胃似乎是越變越小，健康的概念也慢慢的有了，知道這種暴飲暴食的吃法其實是很傷健康的，所以當再遇到有這種吃到飽的場合，心中就已經可以比較清楚的知道哪些菜是第一次要先拿的，然後第二盤要拿哪些，哪些是根本不會去拿的，哪些菜是適合先吃而哪些該在中後段再吃，並對自己能吃多少也大致有個底了！

聊到這，讓我們再回到文前的這個購物狂想，朋友們，您想好了要拿什麼嗎？

是心底已經先想好要拿什麼東西？還是進去之後看到什麼拿什麼呢？但其實，每個人都只有兩隻手，如果不能用推車或購物袋，那麼能拿的東西就真的有限，而且人多互相推搶，最後真的能賺到嗎？

當然啦，這都只是我的一個生活狂想曲，但如果把這個細微的小幻想放大到人生中的話，特別是很年輕的時候，因爲涉世未深，所以很難清楚自己要什麼，就好像吃 Buffet 一樣，每一道都想吃，也像去賣場買東

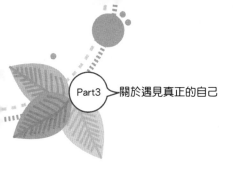

西，什麼都想買，但吃完之後，買完之後，我們真正得到了什麼呢？

時常閱讀的朋友們對「斷、捨、離」這三個字應該不會陌生，簡單的解釋就是，斷絕不必要的東西、捨去多餘的廢物、脫離對物品的執著，只需要以「自己」而不是以「物品」爲主體去思考什麼東西是最適合現在的自己，也就是將原本事事以加法爲主軸的人生觀，慢慢地改成以減法爲中心思想的一種生活態度。

所以，我們必須學會先把不是那麼喜歡、沒有那麼需要的先用減法去剔除，那麼扣掉後的空間與時間就能慢慢的指引我們找到真正想要的那個方向。

因爲釐清自己不要什麼，絕對是個很重要的人生課題！

醍醐灌頂小語：

沒有目的地的船，永遠不可能遇上順風！

……魏特利 Denis Waitley

醍醐人物小檔案：

魏特利（**Denis Waitley，一九三三年生**），美國心理諮商與管理專家，也是極受歡迎的演說家。他的演講內容廣為世界各大企業、政府官員、教育家、運動員、以及不同年齡的學生所採用。暢銷著作為《成功契機》（The Winner's Edge）、《強者之最》（Being the Best）等。

三、拿起紙筆，把心情寫下來吧！

書寫是一道裂縫，透過它，你可以爬進一個較寬廣的世界，進入你的荒野心靈！

……娜坦莉、高柏（Natalie goldberg）

朋友們，在這個3C產品氾濫充斥的年代，您有多久沒有拿筆寫字了？也許有人會說，我每天回覆e-mail、在臉書上面PO文、在LINE上面跟朋友們聊天，所以一天下來所寫的字應該還蠻多的，這樣的話語文能力應該是沒有下降太多才是。

記得求學的時候，國文老師總是會說，寫日記是提升作文能力的不二法門，比較嚴格盡責的老師還會要求同學們把它當成作業交上來批改，藉由半強迫的方式來逼學生落實每天寫日記，那時候覺得是件很痛苦的功課，所以每天大家都苦惱著到底要寫什麼呢？

後來索性有一位同學去買了一本名人哲言勵志語錄，大家輪流每天抄一句話下來，然後寫幾句似懂非懂的感想交差了事。現在回想起來，當時是爲了應付老師而勉強寫的作業，但後來這樣抄著抄著竟然作文能力還真的進步了不少，寫著寫著也從中得到了不少樂趣。

離開校園後，因爲工作忙碌而無法每天書寫，但總是會要求自己盡量在兩三天內就抽出一小段時間來書寫，把心底的情緒藉由紙與筆毫無掩飾地抒發出來，而且每每在寫完之後，心中感受到的總會是一份踏實與平靜。

最近在偶然的機會裡接觸到有關心理諮商的書籍，這才知道原來「自由書寫」是心靈療癒的一種重要方式。他們強調的是，寫出來，讓它曝光，然後被自己看見，沒有要給誰看，就是寫出心中真正的感覺，不必修辭，不需要華麗的辭藻，更不是參加作文比賽，或是像在臉書上 PO文期盼別人來按讚那樣，而是把心底的真正感覺徹徹底底寫下來，這樣我們才能看見自己的憤怒、無力、掙扎與羞愧，也才能分辨並感受喜樂與愉悅！

因爲這是自己與自己最親密的對話，可以深入到自己總是逃避或不想觸及的心靈角落，藉著一字一句的釋放，讓我們可以探索出那個最真正無矯的自己。

當然，因爲現在生活裡大部份的書寫都被鍵盤或是觸控螢幕所取代了，但我還是覺得，回歸最傳統的紙跟筆才是最真實的。

在先前的作品裡曾提到過，不仿我們自己來做個有趣的觀察，當在快樂、沮喪或是難過等不同心情時所寫在紙上的字跡與力道是絕對不同的，所以如果是用鍵盤或觸控螢幕來書寫的話，情緒就像是被一層薄膜隔開似的，會無法全然地發洩出來⋯

所以朋友們，如果您願意的話，就從今天開始試著拿起紙跟筆來練習看看，相信只要持續下去，很快地就能遇見那個我們迷失已久的自己了！

醍醐灌頂小語：

寫的好壞並不重要，寫出來的成果不重要，重要的是你有沒有坐下來開始做，有沒有允許自己寫到心底去。

……娜坦莉、高柏 Natalie goldberg

醍醐人物小檔案：

娜妲莉・高柏（Natalie Goldberg），美國作家，其暢銷著作《心靈寫作：創造你的異想世界》已賣出一百五十萬本，翻譯成十四種文字，成為北美所有教授寫作療癒者必讀的經典。她認為寫作跟修行一樣，都需要學習相信自己的心，珍惜並洞察生命精隨，以專注、自我紀律、活潑創意和開放態度，讓心中的迴旋之歌從筆端流唱而出。目前住在美國新墨西哥州。

四、幸運的時候，一定要把自己看得很輕

為什麼天使能夠飛翔，因為他們把自己看得很輕！

……英國諺語

逆境時，人們時常會誤以為自己是何等的渺小，
似乎做再多的努力都會是徒勞無功的，
但當處於順境時，
又會不自覺地膨脹自我，
以為所有的好運會一直站在自己這邊，
以為自己是比上天還要了不起的超凡人物，
不知不覺地就把自己脹得太重而無法飛翔，
於是因此看不見遠方更失去了胸懷……

我一直很喜歡藉由生活周遭的新聞時事來談一些生命中的現象，因爲那是由微小而放大的真實版，更因爲大家一同經歷過，所以談起來也更會有比較多的思考空間。

以台灣政壇爲例子，從一九九六年開放總統民選以來，台灣已經歷經了兩次的政黨輪替，我想如果沒意意外的話，當本書出版的時候，應該已經是再次的政黨輪替了。只不過雖然換了人、政黨換了、顏色變了，但故事的內容卻都大同小異…

先是陳水扁後是馬英九，他們同樣都在得到權力後變得無法謙虛，於是自大、傲慢，然後漸漸地聽不進去其他人的意見，導致決策圈越來越小，然後一步步背離民意而終至被選民淘汰。

先談在二〇〇〇年取得政權的阿扁，在此之前他也不是一帆風順，因爲在一九九八年的市長連任選舉，雖然挾著很高的施政滿意度但卻依舊敗北，但也正因爲那次的失敗讓他懂得謙虛，懂得蹲下腰彎著身地更與民眾貼近，終於在二〇〇〇年的總統大選打敗了一黨獨大了五十年的國民黨。

但勝利的光環與喜悅真的沒有太久，他上任後政績乏善可陳，縱使僥倖連任後，卻捲入了多起貪污案件，最後終於在二〇〇八將綠色江山給丟了！

而接下來的馬英九，幾乎是陳水扁的翻版，因爲在阿扁執政的末期，他也是以謙卑的姿態與人民在一起而得到支持，但上台後一樣拿不出亮麗的政績，也一樣在僥倖連任後與人民愈來越遠，最後只剩下權力的傲慢，所做的只是如何繼續延續自己的利益而已！

所以，我們以這兩位領導人爲借鏡的話，當逆境降臨的時候，我們需要的是無比的自信與信念，但是如果您意識到此時的自己是勝利的、成功的、享受掌聲與光環的，那麼就真的要把自己看得很輕，因爲當驕傲的重量盤據著我們的時候，那代表距離失敗已經近在咫尺了，不可不慎……

醍醐灌頂小語：

人在倒楣的時候，總會清晰地回憶起已經逝去的快樂時光，但在得意的時候，卻對於以往倒楣的時候，保持一種淡漠而不完全的記憶。

……叔本華

醍醐人物小檔案：

叔本華（**德語：Arthur Schopenhauer，一七八八～一八六〇**），著名德國哲學家，唯意志主義的開創者，其思想對近代的學術界、文化界影響極為深遠。

五、孤獨並不寂寞，寂寞並不孤獨

獨處，是一個人的狂歡；
狂歡，是一群人的孤獨！

曾經在一本談論寂寞的療癒書上看到這個故事：有個寂寞的人每天醒來就急著檢查手機，看看臉書的貼文是不是有人按讚，LINE的訊息有沒有被回覆，不管到哪，總是時時刻刻緊握著手機，彷彿手機是他存在這個世界上最重要的價值。

而且他只要一閒下來就想著約朋友出來唱歌、吃飯、聊天，但有一次竟然一整天臉書與LINE的訊息都沒有任何回覆也沒有人按讚，於是他很疑惑是手機故障了嗎？還是網路發生什麼大當機嗎？難道是自己上次聚會表現得不夠熱情？可是明明已經很認真在經營與回覆社群網站上的朋友們，大家怎麼可以這樣對我呢？

突然間，他的腦中浮現著一票朋友出遊的歡樂情景，不知不覺他來到大夥們曾經一起狂歡的海邊，下意識的又拿起手機，可是卻依然沒有任何的訊息傳來，此時他覺得被世界拋棄了，心中是淒苦到了極點，於是他大對著大海怒吼來發洩心中的憤怒，然後就把手機用力地往大海裡扔。

但說來神奇，正當他心灰意冷準備離去時，卻聽到了熟悉的手機鈴聲響起，那聲音似乎是從海面傳來的，此時他大吃一驚，接著就毫不思索地跳入海中想要撿回手機，撿回那連接自己與被遺棄的那條線……

當然，也許有人會覺得這個故事實在有點誇張，但我卻覺得它是用諷刺的方式來表述現代人被網路與手機綁架的空虛心靈，就像先前提到的，如果有一天沒有了手機，我們的內心究竟會迸發出什麼樣的情緒呢？

在年輕的時候，或多或少都會在同儕的壓力下，總想表現出很好相處的樣子，有些其實不是那麼想參加的活動還是會盡力去配合，而且對獨立空間的需求還存在著很大的彈性，就像參加類似救國團的營隊，一群人睡在沒有隔間的大通舖也覺得很有趣新奇，但年齡漸長就會慢慢發現，人是需要擁空間與自己單獨相處的，因爲在獨處的孤獨當中，我們才能焠鍊出一個豐富且深刻的內心世界，也唯有如此，才能夠用更成熟的方式來融入人群與人相處，因爲一個無法在獨處裡安適的人，往往內心是極度空虛的，更可能成爲別人的負擔。

我一直很認同，世界上最寂寞的地方，莫過於在夜店與光鮮亮麗的派對中這個說法，但這並不是要我們變得孤僻而遠離人群，一些熱鬧喧囂的場合都應該去參加體驗並樂在其中，重點是不該依賴這些活動來閃躲孤獨、逃避自己…

所以，當我們能夠全然地體驗到與自己相處的獨特喜悅時，那麼也一定能夠了解到「孤獨並不寂寞，寂寞並不孤獨」這句話的確並不矛盾的真正涵義了！

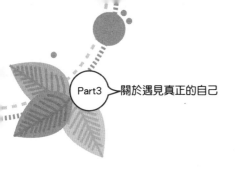

醍醐灌頂小語：

人一切的不安與煩躁，都源自於不能安於獨處，所以會賭博、嗜酒、強烈的佔有慾、總是不停地找人閒聊、忌妒，於是便忘了自己的人生目標、隨波築流……

……拉布呂耶爾（La Bruyere）

醍醐人物小檔案：

拉布呂耶爾（La Bruyere，一六四五～一六九六），法國諷刺作家，重要著作為《品格論》，是一部針砭時弊的散文集。他只用寥寥幾筆就可以刻畫出某種品格的典型人物，並藉此一針見血的批評某種時弊，是法國文學史上一部劃時代的散文名著。

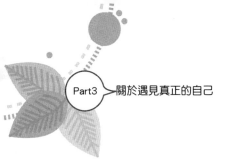

六、一個人搭車、吃飯的時候，您都做些什麼呢？

獨處是靈魂的試金石，
它讓你知道是否與自己和平共處，
還是你的生活意義僅存在於日常瑣事之中。
……特尼伯恩Kent Nerburn（美國雕塑藝術家）

知名作家吳若權先生在「重新一個人」的作品裡談到了，二〇一四年的國家地理雜誌攝影比賽中，香港攝影師Brian Yen以「黑暗中的微光」脫穎而出贏得總優選。此作品是在人潮眾多的捷運車廂內，拍攝一名正在低頭滑手機的女孩，攝影師刻意營造出車廂內的昏暗與擁擠，再對照女孩的臉上被手機螢幕的藍光所投影出來的幽微。

我想這幅眾生相大家一定不陌生，更可能是每天的自己，所以因此產生了很大的共鳴。Brian Yen接受專訪的時候說：「看到這張作品的時候內心的確很矛盾，一方面覺得這是科技帶給人們『獲釋』般的禮物，另一方面又覺得，如此一來人們甚至不再嘗試與週遭的人們互動，因爲他們不需要」

但其實，智慧型手機流行至今也不過幾年的時間，所以如果我們回想一下不是很久之前，在沒有智慧型手機的時候，過往一個人搭車通勤的時候，自己都做些什麼呢？

而另一個經驗是發生在我自己身上，因爲我時常獨自地到公司附近的一家麵店用餐，這家店擺了一台很大的液晶電視，於是食客們很自然的一進店裡就朝面向電視的方向坐，但我其實並不大喜歡邊吃麵邊看電視，但礙於全部的人都朝電視的方向坐，如果我反方向坐似乎顯得奇怪。終於有一次我鼓起了勇氣，嘗試找了一個背對電視的位置坐下，果然一坐下後就必須與所有的人面對面，但還好多數的人是時而抬頭盯著電視，時而低頭看著手機，所以不至於太過尷尬。

但其實背對電視的方向是可以看得到店外的景致，於是在點餐、等餐到用餐的時間裡，看著入內用餐的人們與外面街道來來往往的形形色色，我頓時覺得自己是悠閒的，不必忙碌的抬頭低頭的受制於大小螢幕的干擾，也因此更能品嘗到別有一番風味的用餐樂趣！

所以朋友們，每當遇到必須與自己獨處的時候，您都做些什麼呢？是樂在其中，還是委屈害怕的想要趕快殺掉這段自我面對的時間呢？又或是如果到了一個沒有網路、不能用 LINE、無法按讚的時空裡，您會覺得很焦慮還是覺得如釋重負呢？我想 Kent Nerburn的這段話給了我們一個很好的思考方向…

醍醐灌頂小語：

私生活中沒有摯友的人，才害怕一個人吃飯。必須學會自在的一個人吃飯，才是真正成熟的大人

……千田琢哉

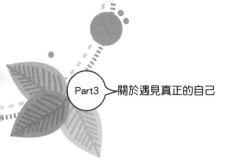

七、祈求能夠遇見真正的自己

佛不在寺廟中、神像裡，佛在我們的心中，
修行不是為了遇見佛，而是為了遇見最真實的自己！

佛在靈山莫遠求，
靈山只在汝心頭，
人人有個靈山塔，
好向靈山塔下修。

……金剛經

二〇一四年八月底，台北香火鼎盛的行天宮做了一個革命性的宣示，宮內的香爐與供桌從即日起撤走，並宣導不鼓勵信眾點香，也不必買供品，重要的是要帶著一顆虔敬的心雙手合十的祝禱即可。

這個宣示在宗教界裡是空前的，因爲在長久以來的觀念裡，廟裡就是要點香，如果香爐裡滿滿的都是香，煙霧越瀰漫代表著廟的信徒眾多與香火興盛。

記得以往到廟裡拜拜，長輩都會叮嚀，供品一定要買三種，香跟金紙當然是必備的，而且一定要點蠟燭，因爲點了蠟燭才代表著神明知道你是來過廟裡的，就像上課點名簽到的意思。而後來因爲環保的關係，很多廟先是撤走了燭臺，後來慢慢有的強調少燒金紙不拜牲禮，而行天宮不點香的做法堪稱是到目前爲止最先進的。

而在這些年的演進過程裡我才慢慢了解到，原來怎麼拜、拜什麼其實都是人說出來的，神明從來也沒說過什麼，實情是人們希望藉由自己認爲安心的方法來祈求得到神明的眷顧！

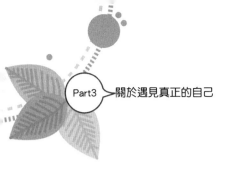

然而，拜拜的真義真的是這樣嗎？比供品比蠟燭比金紙比香柱嗎？我想都不是，因爲這些都只是形式上的，重點是藉由這些形式來與我們心中的神明說話，並期盼神明能夠聽到而可以遇見真正的自己！

一直很喜歡「應境而修」的精神，也就是我們當前所遇到的每個難關、每種煩惱都是可以讓自己修行的道場，更是自我修行的最好機會。

求神就是求己，念經就是念心，期盼大家都能在每個當下的覺知裡，找尋到那個最真最誠的自己……

醍醐灌頂小語：

祈禱並不是請求。它是一種靈魂的渴望，也是每天所做的對自己弱點的承認。在祈禱之中，有誠意而無言語，更勝於有語言而無誠意。

……甘地

PART 4

關於關於簡單與幸福

簡單就是幸福，幸福就是簡單，

原來幸福是一種返璞歸真的心靈狀態，

因為，那樣才能更加接近真實的幸福！

一、記得抬頭仰望近在咫尺的美麗

我們往往只憧憬地平線那端的神奇玫瑰園，
卻忘了欣賞窗外盛開的玫瑰。

……卡內基

我在另一本作品「返璞歸真的幸福練習」裡曾經談到，住在大台北卻沒到過八里左岸享受河岸風光，卻總是誇耀塞納河畔的美景如何如何；住在台北市信義區卻沒爬過象山、住在台南竟沒去過赤崁樓，卻不斷稱讚歐洲的古堡莊園多麼多美麗。也就是說，我們時常會本末倒置、忽略生活周遭近在咫尺的人事物，而總是捨近求遠地迷戀遠方的美景！

這讓我想起了一個有趣的生活領悟，那就是我曾經因爲繁忙的工作加班加到清晨時分，於是想要趕緊帶著疲憊的身心回家洗澡小憩一下，而就在回家的路上，看到日出從正在甦醒的城市東邊天空緩緩升起，霎時間

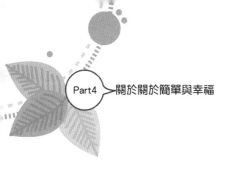

覺得真是美到不行。

也許是平常真的太過忙碌了，不管是日出東方還是夕陽餘暉都不曾好好的抬頭欣賞，於是就在那一刻，我竟不由自主的把機車靠邊停，就這麼的邊吃著早餐邊抬頭沉浸在這短暫的美麗當中，哪怕只是短短的十分鐘。

而自從那次之後，只要時間允許，我總會在有夕陽或是日出的時刻抬頭仰望，然後打開心窗的享受著這片刻的美麗。於是我深刻地領悟到，要說哪個地方的破曉與日落最美呢？我想不是阿里山、愛琴海、托斯卡尼、普羅旺斯…而是我們願意仰望的那個時刻。

同樣的情形如果我們換一個視角去觀察人際關係的互動也會發現，近幾年來因智慧型手機與社群網路蓬勃發展，於是會發現很多夫妻、情侶、家人或是許久不見的朋友，相約之後竟是各自低頭的滑著手機，拚命地在虛擬空間裡與看不見的網友們熱烈地互動著，卻懶得抬頭跟就在眼前的親人朋友們好好談心說話並付出關注…

有句話說：「有眼睛卻懶得看、有耳朵卻懶得聽」，想想看，在尋常的生活中，我們有沒有只是憧憬著遙不可及的彼端，卻懶得用心觀察、用耳傾聽就在周遭的一切呢？

原來，打開窗戶就能看到的玫瑰，絕對是最美麗的⋯

醍醐灌頂小語：

遍尋世界也找不到自己想要的東西，一回到家竟赫然發現原來它早就在那兒了！

⋯⋯西方諺語

醍醐人物小檔案：

卡內基（**Dale Carnegie**，**一八八八～一九五五**），美國著名的人際關係學大師，是西方現代人際關係教育的奠基人。一九三六年出版的著作《如何贏取友誼與影響他人》（How to Win Friends and

Influence People），七十年來始終被西方世界視為社交技巧的聖經之一。於一九一二年所創立卡內基訓練（Dale Carnegie Training）以教導人際溝通及處理壓力的技巧為宗旨。黑幼龍在一九八七年時，將卡內基訓練引進台灣。

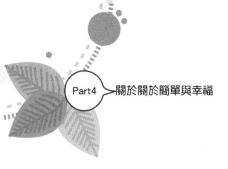

二、用簡單的心靈來面對複雜的世界！

> 真正的單純是經歷過複雜後，
> 依然願意選擇用簡單的心靈來面對複雜的世界。
> 因為這要勇氣，更需要堅強的信念！

我們台灣社會這兩年來歷經了多次令人瞠目結舌的食安風暴，什麼都能加、什麼都能假也什麼都不奇怪，很多我們從小吃到大的美食，很令人訝異竟然是這樣做出來的，但也因爲歷經過了這樣的震撼教育，大家也才慢慢懂得美食背後所隱藏的真相，而「好吃的菜不養生，養生的菜不好吃」這句話似乎能爲長久以來陷入美食盲思的我們一個很好的反省。

原來很多好吃的食物都是所謂的加工品，都經過了數種以上食材與調味料的相互混合，不管在賣像上或是口感上都比較優。而反過來說，沒有加工過的就叫食物，肉就是肉只要經過加熱烹煮後同樣也是一道菜餚，而且烹調的方式越簡單越好，像是清蒸或川燙的就比較能夠保持食物原味，又不會因加入太多的調味品而危害到健康。

所以總結來說，太好吃烹調太精緻的東西其實都不好，唯有簡單清淡才是健康的王道。

從食物拉回單純與複雜的這個主題，究竟什麼是單純，什麼又是複雜呢？我想，沒有一個孩子是複雜的，每個小孩都是像白紙一樣地來到這個世界，都是單純無邪的。但是，在長大的過程中就會慢慢發現，原來大人的世界不像卡通影片那樣可愛，而現實社會更不會像兒童樂園那樣的只充滿著歡笑，所以回想起來「幻滅是成長的開始」這句話還真有道理呢！

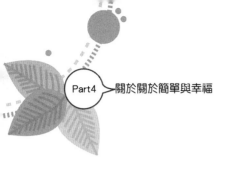

因爲在大人的世界裡，單純變少了，複雜變多了，取而代之的是五光十色的燈紅酒綠，華麗而炫爛，也許有時候會覺得機關算盡的爾虞我詐真的好累好累，但若是你不算計的話，那麼很可能眼前立刻就會輸掉一些……

只不過，如果慢慢在你的心底有一股聲音迴盪著說：「就算輸掉一些又如何呢？何必活得那麼累呢？單純一點吧，說不定，眼前輸掉的，以後都會贏回來呢……」

也許，當我們真正地體悟過複雜所帶來的疲憊之後，就更能確信地懂得堅持簡單所帶來的豐盈與幸福…

醍醐灌頂小語：

沒有單純、善良與真實，就不會有真正的偉大！

……托爾斯泰

三、簡單的幸福，才真實！

簡單就是幸福，幸福就是簡單，
因為只有學著過越簡單的生活，
才能更加接近真實的幸福！

小時候，很簡單的東西就能讓我們感到幸福；
長大後，幸福變成了必須去得到很多現在所沒有的東西，
只不過得到之後好像沒有幸福很久地又再去追下一個了，
終於，在這反覆的疲憊裡我們慢慢領悟到，
幸福原來是一種返璞歸真的心靈狀態，
因為那樣才能更加接近真實的幸福！

回想起我們小的時候，一支冰棒、一個玩具，或就只是到附近的公

園玩玩盪鞦韆溜滑梯，光是這樣都能高興個好多天。但隨著年紀慢慢長大，我們開始有了經濟能力，買得起小時候爸爸媽媽不買給我們的東西，當得到的那一剎那，心中真的感到無比的喜悅與滿足。

只不過，那樣的喜悅都沒有持續太久，於是我們需要買更多更貴的東西才能滿足，名牌包、蘋果系列的3C產品、名錶、超跑、豪宅…接著，我們要名片上的驕傲頭銜、多金的老公或是漂亮的老婆，想要得到更多更好的東西來讓自己感到幸福。

於是，我們越追越累，越變越複雜，變得越來越難快樂了，於是就更需要從與別人的比較裡去獲得他人羨慕的眼神，以藉此得到虛榮所帶來的肯定，但是，當那樣炫耀的場合落幕了之後，會不會感到很虛浮不真實呢？有時候會不會覺得，比起小時候我們所擁有的東西多了很多，但為什麼快樂卻越來越短暫呢？

其實，說來複雜卻也簡單，因為失去簡單的生活只會讓我們越過越茫然卻又難以自拔…這有點像宗教裡的敬神祈禱一樣，若是沒有身體力行地去領悟教義的內涵、祈禱的本質的話，就會在形式上拘泥講究，怎麼

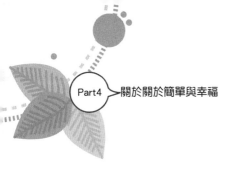

拜、拜什麼供品、幾炷香、什麼時辰、什麼禁忌地講也講不完…也就是當本質被遺忘了，形式就變得重要了起來！

所以我們能做的就是，盡已所能地去把簡單找回來，化繁爲簡，讓簡簡單單的心境來引領著我們堅定地向前行去。

醍醐灌頂小語：

學會用最簡單的方式生活，不要讓複雜的思緒破壞了生活中的甜美。

……彌爾頓

越偉大越深刻的真理往往是最簡單的。

……愛默生

醍醐人物小檔案：

愛默生（Ralph Waldo Emerson，一八〇三～一八八二）文學家，也是美國文化精神的代表人物。他所主張的「超驗主義」強調人與上帝間的直接交流和人性中的神性，具有強烈的批判精神，是美國思想史上一次重要的思想解放運動，被稱為「美國文藝復興」。林肯甚至尊稱他為「美國的孔子」、「美國文明之父」。

彌爾頓（John Milton，一六〇八～一六七四），英國詩人，思想家。他的詩歌創作和政治觀點伴隨英國革命而發展。《論出版自由》成為言論出版史上自由主義的里程碑，且視為報刊出版自由理論的經典文獻，其中心精神為「觀點的自由市場」和「真理的自我修正」，影響一直持續至今，而著名的維基百科的編輯書寫理念也源自於此。

PART 5

關於面對與接受

希望像太陽一樣，

當我們向它走去，

它就會把我們負重的影子拋到身後，

只要我們願意轉身的面對與接受就會發現，

原來光亮已經悄悄地照了進來…

一、人生苦短，有什麼想做的事，盡力去做吧！

對悲觀的人而言，人生苦「長」；
對樂觀的人而言，人生苦「短」！

也許我們從未成熟，
還沒能曉得，就快要老了，
儘管心裡活著的還是那個年輕人，
因為不安而頻頻回首，
無知地索求，羞恥於求救，
不知疲倦地翻越，每一個山丘，
越過山丘，雖然已白了頭，
喋喋不休，時不我予的哀愁，
還未如願見著不朽，

就把自己先搞丟，
為何記不得上一次是誰給的擁抱在什麼時候。

—華語流行歌〈山丘〉歌詞

「啊，人生苦短」我覺得這四個字真的是非常有趣而且很有意境，因爲出自不同年齡的口中感覺是很不一樣的，假如是五、六十歲以上的長輩說出這四個字，聽來會覺得好像接下來會有說不完的故事，也許是遺憾、也許是回憶，但聽來總覺得帶著淡淡的哀傷。

如果是出自四十多歲的中年人口中，那可能正好驚覺到，如果人生是一場球賽的話，似乎已經進行到一半了，不再像以前傻傻地以爲賽局永遠不會結束，時間好像用不完似的；如果是三十多歲的人，可能有點感覺但又有點似懂非懂，因爲要跟十幾二十多歲的自己比當然是老了，但只是相對的沒那麼年輕而已，要說老又有點太矯情了，算是處在一個比較混沌的時刻；那如果是十幾二十歲的年輕人說出「人生苦短」這四個字的話，可能比他們年紀大的人都會互看一眼，然後心裡的 OS則是：現在的年輕人還真是會爲賦新詞強說愁啊！

而我第一次看到「人生苦長」這句箴言是在將近四十歲的時候，看完後我沉思了一會兒，因爲過去思索的幾乎都是「苦」與「樂」的問題，但在看到這句話之後才驚覺，原來重點不在於苦與樂的多與少，而是在「短」與「長」的感受與覺知！

因爲人生中不可能沒有苦，那麼既然都會有苦，那麼又苦又短的人生，就更該去做想做而還沒做，不去做會後悔的事，而不是一直抱怨人生好苦，怎麼這麼漫長好難熬啊，如果一直這樣那不就是苦上加苦，自討苦吃了嗎？

所以我覺得山丘這首歌的歌詞很能夠詮釋這樣的心境，也難怪看到有網友說這首歌：二十歲聽不大懂、三十歲有共鳴、四十歲會流淚、五十歲以後就會微笑。所以原來「人生苦短」是一句很積極很正面的話，因爲苦，我們要更堅強；因爲短，才要更積極，這樣也才不枉費一路上我們所吃的苦了！

醍醐灌頂小語：

時間是什麼呢？對於等待的人太過漫長、對需要的人過得太快、對悲傷的人則感到度日如年、對愉快的人則覺得太過短促！

二、解脫不是放棄，而是接受

抗拒，只會讓我們泅泳於無法改變的痛苦中，
唯有接受，才是變好的開始！

如果你活得夠久就會知道，
逆境是人生中常有的事。
然而也正是在逆境的時候，
人們最需要學會臣服，
如此才能化解你的痛苦與哀愁。

……艾克哈特、托勒（Eckhart Tolle）

想想看，爲什麼我們會覺得「難過」呢？我想最普遍的原因一定是「事與願違」！因爲我們預先期望的事落空了，也許是一份耕耘很久的工

作，或是經營了多年的感情，付出了漫長的時間與精神，最後卻沒有一個好的結果，於是我們會灰心、會沮喪，會覺得都已經這麼努力了，那到底還要我怎麼樣呢？

而反觀別人輕易地就爬上一個職位，得到了一份幸福，可是爲什麼好事總是不會發生在自己身上，但別人怎麼就可以這麼好運呢？

另一種更可怕而且難以招架的痛苦，就是突如其來的意外，前一刻還以爲是牢牢掌握在手裡的人、事、物，怎麼會在下一刻就這樣失去呢？在完全沒有心理準備的情況下就這麼無常的消失了…但爲什麼我這麼難過，可是大家竟然可以依舊嘻嘻哈哈的過生活呢？

記得看過一部電影，內容是描述一位父親無法接受愛子在一場車禍意外中喪生的事實，於是他跑到平常都會去做禮拜的教堂對著神父怒吼：別跟我說什麼神愛世人，講什麼大道理，我平常那麼虔誠的來這裡禱告、唱聖歌，可是如果上帝真的有眼睛的話，爲什麼要讓這樣的事發生在我身上啊！

這段對白在多年前對當時的我是非常震撼的，而且我想很多曾經遭逢過無常襲擊的朋友們也一定可以感同身受那樣的心情。的確，不管你信仰什麼宗教，是到教堂、廟裡或是佛寺裡去進行儀式，總是祈求希望能夠心想事成，逢凶化吉，所以當無常竟然還是無情降臨的時候，我們當然會難以接受，於是感到憤怒、抗拒、難以接受⋯

但越是抗拒就越是痛苦，越是不想接受就越會被加倍折磨，也許身體上的疼痛可以吃止痛藥來得到暫時的緩解，可是心頭裡的痛該怎麼辦呢？

辦法似乎只有一個，那就是臣服，臣服的越多，痛苦也就減輕的越多。所以我一直很喜歡鈴木禪師的這段話：「解脫不是放棄世上的東西，而是接受它們的離去」。不是放棄，是接受，因爲生命總不能永遠停格在這樣的痛苦中，這雖然不是容易的事，但只要我們願意慢慢的接受，就可以一步步地脫離痛苦的深淵⋯

期盼能與正在受苦的朋友們一起勉勵，加油！

醍醐灌頂小語：

受苦是一個寶藏，因為慈悲藏於其中。

……魯米

醍醐人物小檔案：

穆罕默德·魯米（一二〇七～一二七三），伊斯蘭教蘇菲派神秘主義詩人，生活於十三世紀塞爾柱帝國統治下的波斯。最重要詩集《瑪斯納維》突破了語言的障礙而流傳於世界各地。聯合國教科文組織宣布二〇〇七年為「國際魯米年」，紀念其出生八百周年。

艾克哈特·托勒（**Eckhart Tolle**），當代心靈導師，目前定居於加拿大的溫哥華。作品包括《當下的力量》（The POwer of Now）、《修練當下的力量》（Practicing The POwer of Now）和《一個新世界》（A New Earth）。

三、是好還是壞，幸與不幸，由你來定義！

所有的壞事只有在我們認為不好的情況下，
才會變得不幸！

當你對現況感恩，你就處於高峰，感到幸福。
當你渴求自己缺少的事物，你就處於低谷，感到焦慮！
人生的高峰與低谷是彼此相連的，
在今天的順境所犯的錯誤，會造成明天的逆境；
在今天的逆境所做的聰明事，將開創明天的順境。

……史賓賽、強森 Spencer Johnson

有一個故事是一個官員到精神病院裡去參觀，護理長逐一向官員解釋病患的情形，正巧一個病人手中握著一張照片，一邊哭一邊用頭輕撞著牆呼天搶地的叫著，官員見狀於是詢問：「這位病人似乎相當嚴重？」

護理長說：「他手中握著不放的照片，就是曾經深愛過的女人，只不過後來他們無緣在一起，但一直走不出來才會來這裡！」

官員說：「真是令人覺得感傷！」

沒想到同一時間，另一個病患也哭叫了起來，此時護理長還沒等官員開口就解釋說：「他就是娶了照片中那個女人的男人，他似乎受了很大的打擊，所以必須來這邊接受治療。」

這個被不斷轉載的搞笑故事正好說明了，其實幸與不幸，在眼前的這個當下，實在很難看出全貌，這也呼應了前面提到的，人生近看是悲劇，但拉成長鏡頭來遠觀的話，則通常是喜劇。

也就是說，就算這個當下我們覺得是糟透了、衰到爆的不幸，但在這不幸當中，絕對還是找得到可以感恩惜福的部分，因爲也許客觀的處境有所謂的好與壞，但那到底算不算不幸，就只有我們的心態能夠認定它了！

於是我再舉一個來自英國的著名故事：二次大戰的時候，有兩個軍俘被關在鐵牢裡，他們同樣從鐵窗向外望去，其中一人很消沉地說外頭不過是滿地的爛泥而已，而另一個卻樂觀的說，今夜的滿天星辰還真美啊！

難道，這兩個俘虜看出去的情景是不一樣的嗎？但可以確定的是，看到美麗星辰的那位，他一定能在惡劣的處境中找到一絲絲幸福的曙光！

醍醐灌頂小語：

悲觀者看到機會中的困難，樂觀者看到困難中的機會。

……西方諺語

四、原諒自己的不能原諒

不必故作瀟灑的急著說原諒，
就算做不到寬恕也沒有關係，
因為一切的寬恕與原諒，得從自己做起。

所有的大道理都告訴我們，
面對傷害、面對背叛，
我們一定要放下、要寬恕，
不然的話受苦的只會是自己。
但大道理正是因為它說來容易做來難，
更何況放下、寬恕與原諒是必須在時間的推移下，
順其自然地發生，
不大可能一蹴可幾，

如果硬是為了迎合這個大道理而口是心非的故作瀟灑，
那所造成的內傷將會是更大的傷害，
所以如果還沒辦法真的放下、真的原諒，
沒關係的，就承認吧，
因為勉強出來的寬恕，
只是一種對自己不必要的折磨而已…

當我在寫這篇文章的時候，正好發生了震驚社會的八歲女童割喉案，再加上去年發生的捷運隨機殺人命案，於是死刑的議題又被大家拿出來討論，而法務部也順勢的火速執行了八名死囚的死刑令。

當然這個做法立刻引起了正反兩派的論戰，廢死派認爲，政命府爲了平息民怨所以火速地執行死刑，心態可議。廢死派的大概論點是，人類社會應該更文明不該停留在以牙還牙以眼還眼的野蠻階段，該朝寬恕與和解的方向前行，況且廢死是世界潮流，我們理當跟進，否則難道要讓國際社會覺得台灣是尙未進化的野蠻國家嗎？

但支持死刑的一方則認爲這是大快人心，殺人本該償命，這樣才能有效地嚇阻犯罪，但多年來這類的爭論到最後大都淪於沒有結果的政治口水。

或許看到這有些讀者會覺得，死刑存廢的問題跟放下寬恕有什麼關係呢？因爲正當我不斷地思考是否廢除死刑問題的時候，正好看到一位心理諮商師的文章，他引用了「覺醒時刻」這本書中的一段話：一切都是必須自動發生的，如果你試著寬恕，就變成了頭腦裡的理性遊戲，而你是無法從頭腦裡去做到寬恕的。

這段話給了我很大的啓示，因爲它可以從微小的心理面投射到大範圍的社會面。當談到如何面對憤怒與仇恨的問題，幾乎所有的論點都會引用聖經的這段話：「要寬恕你的敵人」…只不過你我心裡都很清楚，這談何容易呢？

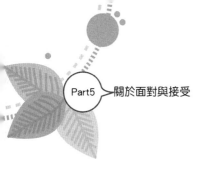

在我的心中理性的知道，沒錯，是該朝著這個方向去努力，但很可能需要一段不算短的時間來修練，但在這段不短的期間呢？是該表面上假裝說：嗯，我寬恕了、放下了、原諒了？還是該誠誠實實地面對自己心底的聲音呢？

朋友們，您覺得呢？

醍醐灌頂小語：

寬恕是最終的救贖之道。但是，在寬恕別人之前，請先記得做一件事：就是「寬恕自己」！

……周志建（心理諮商師、作家）

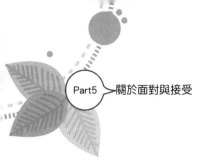

五、人生除了無止盡地比較之外，是不是存在著更有價值的事呢？

人生中最危險的考驗，
通常是在成功與幸運降臨的那個時刻，
因為峰頂固然能夠被我們征服，
但是絕不可能在哪裡待上一輩子！

……蕭伯納

知名媒體人陳文茜出版了一本名爲「我相信，失敗」的作品，這本書的書名很多朋友們乍看也許會覺得有點無厘頭，因爲怎麼可能有人樂見失敗，而又爲什麼要相信失敗呢？這樣是不是該再補句對聯「我害怕，成功」來讓它更加荒謬些呢？

只是當我靜下心來反問自己，如果是二十幾歲的時候問我，人生中最不希望見到的事情是什麼呢？那時我肯定會不假思索的說，當然是讓我們陷入低谷的失敗，因爲任何人都希望付出的努力可以含笑收割！

但如今對邁入不惑之年的我，卻對這本書的書名很能夠感同身受，爲什麼呢？因爲我深刻的意識到，社會的主流意識總是教我們得不計一切的去獲取成功，於是很自然的把人分成了成功組、失敗組、敗、勝犬、高階、低階…但卻對成功的真相是什麼渾然不知而只是盲目地追逐著！

暢銷作家鍾文飛的作品「只要好好過日子」裡有一段話我覺得發人深省，他談到一定有不少人在小時候常被父母拿來跟鄰居的小孩比較，長大後，又被另一半拿來跟鄰居的另一半比較！的確，人們很難避免互相比較，比收入、比外貌、比地位；比另一半的收入、比另一半的外貌、比另一半的地位，贏一分就喜悅一些，輸一分就得繼續地拼命追逐！

只不過，人生除了無止盡地比較之外，是不是存在著更有價值的事呢？當然，沒有人喜歡輸的感覺，但如果你歷經的閱歷夠多就會明白，輸掉了真的並不可怕，因爲如果是已經全力以赴地盡了全力，那麼就算最後的結果不如預期，但過程裡所帶給我們的心安理得絕對是無價的寶藏。

反而是當一個人面對成功伴隨而來的掌聲、恭維與權力，內心仍然能夠保持著謙遜，不恃才傲物而且最後沒有迷失自己，沒有親手種下慘敗

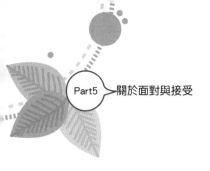

的種子，這似乎才是人生中最難克服的難關！

所以我想，不管此刻的自己是贏還是輸，能夠坦然無懼地面對失敗，能夠謙遜不傲地淺嘗成功，這才是生命中最有價值的事⋯

醍醐灌頂小語：

謙虛使人的心縮小，像一個小石卵，雖然小，但非常結實，因為結實才是最有價值的真實！

醍醐人物小檔案：

蕭伯納（George Bernard Shaw，一八五六～一九五〇），愛爾蘭劇作家。早年靠寫作音樂和文學評論謀生，後來因為寫作戲劇而出名，擅長以黑色幽默的形式來揭露社會問題。一九二五年因為作品具有理想主義和人道主義而獲諾貝爾文學獎，著名作品《賣花女》（Pygmalion）被改編成音樂劇《窈窕淑女》（My Fair Lady），而該音樂劇又改編為好萊塢同名賣座電影而家喻戶曉。

六、與痛苦共處的人生修練

經驗傷痛，才得以轉化傷痛；
與痛苦同在，才能超越痛苦！
……周志建（心理諮商師、作家）

延續先前所談的人生「苦短」還是「苦長」的話題，如果問問朋友們，您發自內心覺得人生究竟是苦比較多還是樂比較多呢？

我想不同的年齡，經歷過不同人生歷練的感受一定會很不相同。的確，有些人所遭遇的人生就是比較順遂，不管是求學、求職、戀愛、成家、生子，總是在適合的時候，就會遇到合適的人、事、物，甚至是身體健康上的變化，都不致於有太戲劇化的波折。

但有些人在同樣的人生歲月裡，一樣是過日子，卻面臨了比一般人更多的坎坷遭遇，受的苦就是比別人多，如果您覺得自己的人生好像是這個類型的，沒關係別氣餒，試著能夠先從心平氣和地接受它開始，因爲既然這些苦是躲不掉的，那麼學習該怎麼與痛苦共處就變成了非常重要的一項人生修練！

我一直覺得這個問題很有趣，那就是該怎麼安慰一個剛失戀的朋友呢？一種最主流的說法是，趕快去認識新的對象，因爲舊的不去新的不來，只要有了新的對象，失戀的痛很快就會復元了！

這是個非常速食式的辦法，而且客觀說來也沒什麼不對，因爲在很難過的當下，暫時的用忙碌的工作、度假又或是趕快認識新的對象，只要是能夠讓自己暫時的轉移、逃避或是痲痺痛苦的做法都是對的，畢竟必須先讓難過的情緒舒緩下來，才有可能漸漸地走出創痛。

只不過，我們時常會把這個暫時地緩解當成痊癒，於是欺騙自己不願去碰觸而終想逃避，或是寄託在更大的成功上，以爲成功的掌聲就能夠掩蓋傷痛。但是，就算是身體上的疼痛，也不能只吃止痛藥來治標，更何況痛的是心，那就不可能像外傷那樣，只要等傷口癒合那麼簡單，而是必須治本地進入根源來治療！

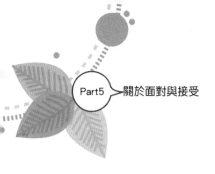

柏芮、布朗（Brene Brown）在「脆弱的力量」一書裡所提到的概念是：人一旦麻痺了痛苦、恐懼、哀傷的感覺，那也會同時麻痺了喜悅快樂的正面感受，逃避面對的結果，只會變得像行屍走肉般地更加痛苦。

在我的人生經驗裡，其實也算不上是非常順利的，一路上跌跌撞撞地走到了今天，所以該怎麼與痛苦同在已經變成了我不得不接受的人生課題。而在多年的練習當中，我的的確確認同一定要坦誠地進入痛苦的本身，有多憤怒，多怨恨、多不甘、多不堪，就誠誠實實地與它同在，如果能夠的話，就用力的把它寫下來、說出來、吼出來，當我們願意進入傷痛去體驗感受的時候，它就會真的慢慢地被轉化了…

醍醐灌頂小語：

苦難，會驅使人們往內心的深處走去，它幫助我們的靈魂提升與進化，也讓我們活得不再那麼膚淺！

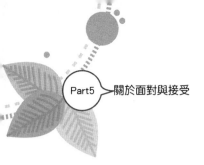

七、勇敢地轉身面對黑影吧！

黑暗不會摧毀光明，
黑暗為光明描繪輪廓。
是我們對黑暗的恐懼，
將我們的喜樂拋入陰影之中
……布芮尼、布朗 Brene Brown PH.D

在我們每個人的心中，
一定存在著或多或少不大願意去碰觸的陰影，
反正忽視它、逃開它，
生活還不是一樣可以過下去。
但時常它會會越長越大、越追越緊、越變越多，

於是我們只好越躲越遠、越跑越累，
有時候明明覺得已經拋開了，
但卻又在不經意的情況下遭受到它的逆襲，
甩也甩不掉，
怎麼逃也逃不了…

聊一個來自於奇幻小說「地海巫師」（A Wizard Earthsea）裡的一段故事，它描述「格得」是一位年輕優秀，領悟力學習力超強的巫師，也因此變得狂妄自大，但在學習法術裡最難的一關是，把黑暗的力量全部招喚出來，然後再把他們全部收回去。

因爲難度太高，所以一般在學習中的巫師大多不敢輕易嘗試，但唯獨格得可以把這個困難的法術駕馭自如。但也許是太過自大的關係，這一次他竟無能爲力的失去控制，完全無法把黑暗力量給收回來，甚至黑暗勢力還複製成數以萬計的格得到處作亂，逼得他除了逃竄之外只剩下不知所措。

而在他在逃亡的過程中想起了一個傳說是，要制服黑暗力量只有一個辦法，那就是找到他的名子，然後大聲地對著他們喊出來，這樣黑暗勢力就會被降伏。

但格雷卻始終苦惱於不知道他們到底叫什麼名子，因此一直無法發動反攻。

有一次，他又被黑暗力量圍剿追殺，當逃到一處懸崖邊退無可退的時候，他決定轉過身來面對黑影們，並本能地像是怒吼般喊出自己的名子：格得、格得、格得、格得…

就在頃刻間，黑影們全部消失，眼前恢復一片光明！

這則故事的隱喻就是，黑影就是自己的化身，逃避他，就被他制約，但當無懼面對的時候，他就會被擊敗。所以我想，每個人的心靈深處一定會有很多陰暗的角落，但只要我們願意轉身向它走去就會發現，原來光亮已經悄悄地照了進來…

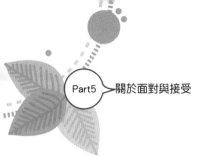

醍醐灌頂小語：

你能面對的，你就能控制，你不能面對的，它就控制你！

……羅伯特、林格 Robert Ringer（美國暢銷書作家）

醍醐人物小檔案：

布芮尼·布朗博士（Brene Brown Ph. D.）。知名學者、暢銷書作家，任教於休士頓大學社會工作研究院。她花了十二年時間研究人類心靈的脆弱性、勇氣、價值感以及羞愧感。二〇一〇年「脆弱的力量」（The POwer of Vulnerability）演說是TED網站上最受歡迎的節目之一，已有超過八百萬人點閱。暢銷著作為《不完美的禮物》。

PART 6

關於擁有與失去

擁有的多，不一定讓人滿足；擁有的少，不一定讓人貧乏！

即使擁有再多的榮華富貴，假使沒有人衷心地為你高興，那又怎麼算是真正的快樂呢？

一、現在的你，覺得自己是很滿足還是缺很大呢？

一無所有的人很可能是幸福的，
因為他們將獲得一切；
一個人擁有的越少，
能給予的反而就越多！

……德雷莎修女

這句話在多年前第一次看到的時候，想了很久但依舊充滿疑惑，因爲從字面上的意思來看，擁有的少，那不就表示那個人身上沒有什麼東西嗎？既然沒有擁有什麼，那到底能給予別人什麼呢？

於是我憶起小的時候，因爲很迷戀影集「霹靂遊俠」裡李麥克的那輛霹靂車，所以想要存錢去買霹靂車的組裝模型，存了好久終於存滿了二百元買了下來，然後回家慢慢組裝。因爲是千辛萬苦才得到的，所以

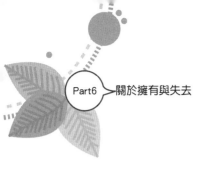

只是一輛模型車就讓我玩了好幾年，而且還很寶貝地每天都要把它擦過一遍並放在床頭觸摸觀賞，光是這樣就覺得很滿足！

前些日子到姐姐家吃飯，想說外甥轉眼間已經到了我當年迷戀霹靂車的年紀，應該買個模型車或鋼鐵人之類的玩具給他當禮物，沒想到姐姐說，盡量不要買太多玩具給他，因爲若是買了太多玩具，孩子們沒玩幾次就玩膩了丟在一旁，所以現在她改以與玩伴交換玩具的方式，這樣才能讓他們學會珍惜、懂得給予與分享的重要。

的確，回首成長的那段歲月，我想每個人都曾經很善良地希望幫助周遭需要幫助的人，但礙於小時候的能力有限，總想著等到未來自己有能力一點的時候，一定要盡己所能地幫助需要幫助的人。

只不過時間很快就讓我們到達了當年那個期望的未來，相較之下必然是比以前更有能力了許多，但我們捫心自問，究竟有沒有相對地給予出去更多呢？

也許，層出不窮的詐騙案件，以及有權的政客與有錢的商人爲了更多的利益所引發的一連串弊案，這都讓我們原本想要給予的那份善念在霎時間竟怯了步，但也正因爲如此，更讓德雷莎修女的這句話不斷縈繞在我的腦海，並且時時地警惕著自己…

醍醐灌頂小語：

能夠擁有想要的東西是很大的幸福，但能夠不思索自己沒有的東西才是更大的幸福。

……西方諺語

醍醐人物小檔案：

德雷莎修女（Teresa of Calcutta，一九一〇～一九九七），著名天主教慈善工作家，於一九七九年被授予諾貝爾和平獎。二〇〇三年十月，羅馬天主教教宗若望．保祿二世把她列入天主教宣福名單，更有「加爾各答天使」的美譽。

二、太貪心，最後就變成什麼都沒有！

別拿兩支箭，
那會讓你有恃無恐而糟蹋了第一支箭！

……吉田謙好

實事求事的人要找一件小事做，
找到事情就先做；
好高騖遠的人要找一件大事做，
還沒找到則身已故；
實事求事的人做了一件又一件，
不久就做了一百件，
好高騖遠的人一下要做百萬件，
結果一件也未實現

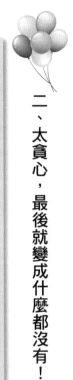

朋友們，您是否也像我一樣，時常在逛夜市吃小吃的時候，什麼都想吃一點，但問題是，其實我們的胃很有限，想吃得很多，但實際上買個兩三攤就差不多飽了，其餘的都是眼睛看看而已。

同樣的吃 buffet 也一樣，有時甚至先讓自己餓一整天以儲備戰力，爲的就是希望把胃的空間留下來，這樣吃起來才會划算盡興。而且一開始的前半小時，看到琳琅滿目的菜色，每一道都想吃，但盤子的大小有限，於是想說下一輪再吃好了，但吃個三、四輪之後，慢慢地就會有望菜興歎的遺憾，因爲實際上根本就吃不了那麼多。

另外的例子就是學習語文，這些年來因爲韓劇的廣受歡迎，因此學習韓文的人口越來越多，這就讓我想起了小的時候，那時是個哈日的時代，電玩、影視產品、青春偶像大多以日本爲主流，因此很多人也因爲哈日去學日文。

在我周遭就有一些朋友，常常聽到他們花錢去學語文，一下學韓文，一下學法文，又學了些客家話與廣東話，這樣算一算包含國、台、英、客、韓、日、法、廣東話算一算已經會說八種語言，但深入了解之後才知道，原來每一種都只是會一些簡單的會話與單字而已。

當然如果是把學習語文當樂趣的話是無可厚非，但若是真想學得精、學得深的話，除非是那種天生的語文天才，不然就必須先挑一種語言來做深度的學習，因爲如果是每一種都只會一些皮毛，那其實跟完全沒有學的差距並不大。

在愛情裡也是一樣，時常看到演藝圈裡的一些帥哥美女，照理說他們在外貌與經濟上的條件都很好，但卻時常聽聞遭逢情變或是陷入複雜的多角關係而導致家庭破碎，我想也許就是因爲可以選擇的對象太多，所以同樣的誘惑也多，因此比較不容易進入穩定負責的感情關係。

所以很多時候什麼都想要，什麼都想淺嚐一下反而會讓人迷失，到頭來常常會落到什麼都沒有的窘境。

談到這讓我想起了發生在導演李安身上的一段小故事，他在成名前失業了長達六年多的時間，一度也曾經軟弱過想說是不是該放棄了呢？有一次他有些喪志地到社區大學去報名了職訓電腦課程，沒想到妻子說：不要放棄你的理想，學電腦的人那麼多，又不差你一個，你就是要拍電影的，一定要堅持下去！

也許李安正是因為已經無路可退，沒有選擇，才能堅定地自己的路。的確，每個人的時間與精力都是有限的，機會更不是常常有的，所以就必須懂得學會排出優先順序，也就是英文單字裡的 Priority，然後挑出必須優先的事情並全力去做吧！

醍醐灌頂小語：

不要幻想同時做好兩件事，假如你想得到前者，就會失去後者，想同時擁有兩者，最後就會全部失去。

……西方諺語

醍醐人物小檔案：

吉田謙好（一二八三～一三五八），日本南北朝時期，約為中國元朝時期的法師，文學造詣深厚，著有以雜感、評論、小故事等組成的《徒然草》存世。

三、您是主人？還是僕人呢？

金錢是個優秀的僕人，
同時也是個惡劣的主人

……培根

常聽人說，金錢不是萬能
但沒有錢是萬萬不能
的確，就算我們的心中有再高的理想，
若是沒有金錢這個有力僕人協助的話，
常常也會落到為五斗米折腰的窘境。
但更需要時時警惕自己的是，
有沒有在不知不覺中讓金錢反過頭來變成了我們的主人，
事事完全被它牽著鼻子跑，

幾乎完全被它制約變成了一個聽話的僕人、甚至是奴隸呢？

談金錢是個很實際的話題，因爲現實很殘酷地告訴我們，要是沒有錢來當做支撐的基礎，就算有再高的理想也是空談，因爲它是每件事情的根本。

也許這麼說來可能會有點俗氣，但大多數的時候，能用錢解決的事，真的是容易得多。幾年前我的拙作談到了五子登科的這個話題，針對房子、車子、妻子（丈夫）、兒子、銀子來談他們的順序與重要性，您覺得什麼該最先擁有，什麼是您覺得最重要的？而談來談去，銀子似乎是這五子的最根本基礎，因爲必須先有它才能慢慢地實現其他的四子。

而且金錢是個非常具象的東西，它能夠很實際的輔助我們過更好的物質生活，但卻很容易在追逐的過程中，把我們的靈魂一點一滴地啃食而不自覺。漸漸地，它會成爲宰制我們意識的主人，雖然被它操縱的心也許會出現微弱的聲音警告自己，但很快又會被它所帶來的虛榮給淹沒了！

像這幾年來高價智慧型手機所引發的虛榮消費就是個最明顯的例子，

很多學生根本就還沒開始賺錢，但因為同儕間的比較而開口向父母要求，或是靠著微薄的打工薪資，卻一買就是上萬塊的高階機種，而且每個月還必須繳一筆不低的綁約費用。但換個角度想，手機能用就好，中低價的手機比比皆是，而且更糟的是，兩年約一滿後又得去追新的機種，這種扭曲的價值觀，造成無止境地虛榮競賽，其實並非社會之福。

「需要的不多，想要的卻太多」這雖然是句老掉牙的話，但卻非常中肯一語道破被金錢奴役的人們，因為只要能夠理智地區分出需要與想要的分別，那麼就有機會重新讓金錢成為我們生命中最優秀的僕人，更不至於落入「窮的只剩下錢」的窘境了！

醍醐灌頂小語：

黃金的枷鎖是最沉重的！

……巴爾札克

醍醐人物小檔案：

培根（Francis Bacon，一五六一～一六二八），英國哲學家、散文作家，也是古典經驗論的始祖。他的科學方法觀是以實驗和歸納為主，對科學方法上使用的數學和演繹法採取不信任的態度，曾宣稱要成為科學上的哥倫布。一六二四年出版的《論說文集》（The essays），文筆非常優美，是值得一讀的散文佳作。

巴爾札克（Honor de Balzac，一七九九～一八五〇），法國十九世紀現實主義文學著名作家，他曾在一座拿破崙塑像的劍鞘上刻下：「他用劍未完成的事業，我要用筆完成！」以藉此悌勵自己必須勤於創作。著名作品《人間喜劇》（Com die Humaine）是以九十餘部小說構築而成，並創造了兩千四百多個人物，堪稱人類文學史上罕見的巨著，也被稱為法國社會的「百科全書」。

四、人生中的加減乘除

用加法的方式去愛人
用減法的方式去怨恨
用乘法的方式去感恩
用除法的方式去解憂

年輕的時候，我們總想過乘法與加法的人生，
求得越多，擁有得越滿越好，
恨不得能夠品嚐到征服全世界後的驕傲。
但隨著歲月帶來的磨難與考驗，
終於讓我們慢慢地懂得，
原來越加越多、越乘越大的生命狀態只會讓我們前行的步履更加沉重，

於是學會捨棄與拋下是必須的，
像是怨恨、像是憂愁、不堪與遺憾…
把這些越減越少、越除越小之後就會發現，
腳步輕盈了、心情開朗了，
而空出來的空間與重量，
就讓愛與感恩在加法與乘法的演繹下慢慢地填滿它吧！

第一次看到這段話的時候，我承認真的被打到心坎了！因爲從小數學課裡的加減乘除，原來運用到生活中的喜怒哀樂裡，可以產生出這麼微妙的化學變化！因爲在我們的人生長河裡，有愛就會有恨、有憂愁必然就有歡笑、有希求也必定伴隨著感恩，任何事物都是一體兩面的。

當然不可否認的，有人真的比較幸運，總是比較受到愛與歡笑的眷顧，而有人則是歷經的困難與坎坷比較多，但如果這些是無法改變的，那麼就看我們要放大或縮小哪個部分了。

在先前的作品「現在就是天堂」中提到曾看過一封發人深省的mail：

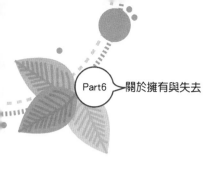

鬧鐘響起的時候，我很懊惱又要起床了，甚至把棉被拉起來蒙住頭。但是我沒有忘記感謝上蒼，因為我還能聽得到，而有些人已經耳聾。

雖然我厭惡早上刺眼的陽光，但是我沒有忘記感謝上蒼，因為我還能看得見，但有些盲人是什麼也看不見的。

上班的腳步匆忙而急促，但是我沒有忘記感謝上蒼，因為有些人行動不便必須坐在輪椅上。

雖然早餐忙到只是隨便吃了一個三明治與豆漿，可是我要感謝上蒼賜予我食物，因為世界上飢餓的人是那麼的多。

雖然我的工作枯燥乏味、千篇一律，但我還是要感謝上蒼，因為當今失業流離的人到處都是……

也許有人會說，這不過是比上不足，比下有餘的阿Q心態罷了，但換個角度想，如果總是放大那些負面的情緒與思維，反而會漸漸地讓自己不堪負荷而倒下。

同樣是起床，同樣去上班，同樣是吃早餐，我們可以選擇帶什麼樣的心情來做這件事，若是我們運用加法與乘法來放大愛與感恩，那麼必定收割幸福；若是用減法跟乘法來縮小憂愁與哀怨，那麼再大的難關也能必然能夠柳暗花明了！

醍醐灌頂小語：

我們鮮少想我們擁有的，卻總是想著自己所缺的。

……叔本華

醍醐人物小檔案：

叔本華（德語：Arthur Schopenhauer，一七八八～一八六〇），著名德國哲學家，唯意志主義的開創者，其思想對近代的學術界、文化界影響極為深遠。

PART 7

關於人生的真相

事實就好像刺眼的陽光，照得你睜不開眼睛；

謊言卻像美麗晚霞，把一切映照得炫爛艷麗！

一、假人說真話，真人說假話

二月十四日，
多少人用甜言蜜語騙著別人；
四月一日，
多少人以玩笑為藉口，
說出了心底的真心話！

所有的節日裡，我覺得四月一日算是最有趣的，爲什麼這麼說呢？因爲如果要嚴格來說，它其實並沒有被任何官方認可，也沒有國家因爲它而放假，沒有要紀念誰，更沒有什麼可歌可泣的偉大故事，但每年到了那一天，似乎大家總有著一個想要藉由開開玩笑來增添樂趣的默契。

的確，開開小玩笑來捉弄一下平常不敢開玩笑的對象，看看他們會有什麼反應似乎是很有趣的，只要不要開得太誇張，而且對方如果就此翻

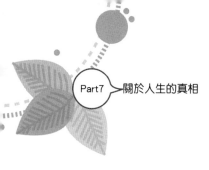

臉又會被覺得實在太沒肚量了，何況一年中也就這麼一天而已，於是這個可能被愚也可能愚人的節日就這樣年復一年地流傳下去⋯

只不過，爲什會想開對方這樣的玩笑？對方又爲什會想出這個點子來整我呢？其實很可能是平常說不出口的真心話，終於到了四月一日這一天，可以正大光明藉由玩笑爲藉口表達出來⋯

難以否認的，在尋常生活中，我們扮演各種不同的人生角色，多多少少必須戴著面具做些僞裝，而且除非是年齡很小的孩子，不然我想應該沒有人敢自滿地說他從沒說過謊！

記得模仿界的翹楚郭子乾先生接受訪問曾經說過：模仿秀的精髓就是讓假人說真話，因爲真人通常都不斷地說著假話；本尊通常都是滿口謊言，但分身卻都是句句真言！

我覺得這段話還真是貼切的比喻，當然郭子乾所模仿的都是公眾人物，所以他們的一言一行當然是被拿來用顯微鏡檢視，但假若我們把自己的生活拿來當作借鏡的話，可以觀察看看自己在相形平凡的生活中，真實的部分究竟占了多少，而謊言又有多少呢？

也許，做人真的好難好難，因爲很多微小的、沒有惡意的謊言實在難以避免，只不過很多天大的謊言卻也都是從小小的謊言裡累積而來的！

所以儘量時時警惕自己，要好好記住沒有戴上面具的原本模樣，不然要是有一天驚覺竟然分不清哪一個是本尊，哪一個是分身的時候，那可就不妙了……

醍醐灌頂小語：

沒有人可以永遠戴著假面具。僞裝終將回歸天性，面具是不可能戴在身上太久的。

……塞內卡（古羅馬時代哲學家）

二、錯了，就承認吧，因為認錯的態度已經幫原本的難題先解決了大半！

承認自己的錯誤，是最困難的事。
然而避免錯誤繼續變成更大錯誤的最好方法，
就是老老實實地承認它！

……西方諺語

誰沒做過錯事呢？
小錯、大錯、道德上、法律上…
有被發現與沒被發現…
但當所犯的錯誤被清楚見光的那一刻，
第一時間就承認似乎是最明智的，
因為錯誤就跟謊言一樣，

不認錯，那就只會繼續犯下更大的錯，
這當然需要清醒的理智與勇氣，
祈願我們都能在微小的錯誤裡學習到認錯的智慧…

延續前一篇所談的說謊與假面具，說了一個謊，要用一百個謊言去圓，這雖然是老生常談的一句話，但用在面對錯誤上卻依然適用！我想神廚阿基師的那場經典記者會應該大家都還記憶猶新，國際禮儀、不小心就滑了進去…正因為大家一聽都覺得不合理，是謊言，但為什麼像阿基師這樣見過大風大浪的名廚在說的時候不會覺得牽強呢？我想這正如這句諺語所說的，要承認自己的錯誤，其實不是件容易的事，而一旦選擇了不願認錯的那個方向後，再繼續犯下接連的錯誤那就不足為奇了。

於是有網友說，如果當時阿基師低調地請經紀人發書面聲明承認這整件事，也許後來風暴不會延燒這麼大，還成為街頭巷尾茶餘飯後的笑柄。而同樣是名人出軌，前立委吳育昇的處理就算是非常智慧的，他被週刊拍到與名媛上摩鐵後，在第一時間就開記者會坦承，整件事就是如大家

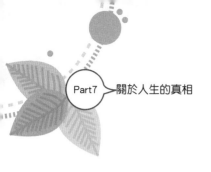

所想的那樣，也沒有拉老婆下水來背書，危機處理上算是相當明快。

另一個經典則是李倩蓉的阿帕契事件，其實在風暴的一開始，她大概還沒意識到問題的嚴重性，因此當有記者問她要跟大眾道歉嗎？她回以一個冷笑，也許這個冷笑就是觸犯社會眾怒的導火線吧！結果還讓一堆星星將官連帶受到了懲處，可見認錯的時機點有多麼重要，常常是晚了一步就一發不可收拾。

當然，因爲他們都是眾所周知的名人，所以一言一行都被用較高的標準放大檢視，但平凡如你我的市井小民，除了拿來當八卦聊天的話題之外，是很值得當做我們的借鏡呢！

醍醐灌頂小語：

人們生活在真實與錯誤當中，並時常會誤認為生活在錯誤裡比在真實中來得輕鬆愉快。

……歌德

醍醐人物小檔案：

歌德（Johann Wolfgang von Goethe 一七四九～一八三二，）生於法蘭克福，德國知名作家，也是世界文學領域最出類拔萃的光輝人物之一。在二〇〇五年德國電視台票選最偉大的德國人活動中，排名第七，次於第六的音樂家巴哈。著名作品為《少年維特的煩惱》、《浮士德》等。

三、究竟是痛苦還是快樂比較真實？

逆境永遠比享樂真實，
痛苦永遠比快樂真實！

朋友們，您曾經有這樣的疑惑嗎？
為什麼歡樂與愉悅總是這樣的短暫，
咻⋯一下就過去了呢，
總覺得有那麼一點飄飄然的虛幻不真實，
像霧、像煙也像風⋯
但若是處在逆境與痛苦中的感覺卻是完全顛倒過來，
因為在那樣的時刻裡，
就像在瞬間被潑了一盆冷水一樣，
整個人像是回神般地甦醒了過來，

原本周遭猶如幻影般的人事物竟然全都真實了起來，
因為眼前所面對的，
不再是言不及義、嘻嘻哈哈或是華麗光鮮的包裝能夠解決的……

如果我們問問自己，現在的你是處於諸事順利的快樂時光，還是正在與逆風搏鬥的艱辛時刻呢？的確，應該沒有人會喜歡一直處在痛苦與逆境當中，因此我們到廟裡拜拜總是嘴裡喃喃地說著：事事如意、心想事成！

但太多的例子告訴我們，順境與享樂其實是人生中非常危險的時刻！爲什麼這麼說呢？因爲關鍵就在於清醒與真實！也就是說，在順利所帶來的美好當中，人們很容易被虛構的海市蜃樓給眩惑住了，然後把過多虛假當成膨脹的真實，於是就這麼地迷失了前行的方向！

美國的某個網站曾對一百名破產的富豪進行調查，得到了一個驚訝的發現是：百分之七十的破產者都是因爲在生意越做越大的同時，無限度透支自己的財產而熱衷於錢滾錢的金錢遊戲當中，最終卻因著連串的投資

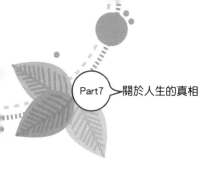

失誤而導致無法挽救的命運。

其中最具代表性的就是格林威治市的地產富豪邁克、基賽爾，他因爲涉嫌一樁數千萬美元的詐騙案而遭到監禁。他說：「我的人生一直非常順利，父母親就是大地主，所以大學畢業後直接利用父母的資源做起生意，而且幾乎無往不利，還不到三十歲就擁有私人遊艇與多輛昂貴超跑，但正是因爲那時候完全活在虛假的華麗當中迷失了方向，以致於最後竟變成這樣的結局！」

而且不只遠在美國，其實近在台灣這些年爆發出來層出不窮的貪腐弊案，它們的故事內容與情節幾乎大同小異，都是在事事心想事成的順境裡所鑄下的！

所以如果我們延續先前談的真相來引申，那就是在逆境與痛苦的真實當中，人們清清醒醒、戰戰兢兢地去面對那個沒有被過度包裝的自己，也正是因爲這樣的態度，才能讓我們原本偏離航道的人生旅程，有了修正方向的難得機會…

醍醐灌頂小語：

適當的憂鬱、痛苦與煩惱，對於每個人都是必須的。因為船如果沒有壓艙物，便不會穩定，而無法朝目的地一直前進。

……叔本華

四、一個人、一件事最原本的樣子是什麼呢？

我們不得不承認，
這個世界充滿了偏見，
常常我們不是把人看得太大，
就是把人看得太小！

拿掉名片上的頭銜、
先不去管別人對他的評價、
忽略掉他現在擁有的地位、
盡量不要被第一眼的感覺給牽著鼻子走，
就單單地用心觀察他做了什麼、
怎麼對待週遭的人事物、
用什麼態度在生活著，

唯有如此，
我們才比較不會在時間的洗鍊下看走了眼而跌破了眼鏡！

我一直很喜歡拿名人代言產品的這件事來聊這個現象，因爲名人代言產品出包的情形時有所聞，而多數人也明明很清楚，這不過是個商業的行銷手法而已，代言的名人很可能完全沒有用過該項產品，但請名人代言卻一直是廣告行銷中最有效的策略之一。

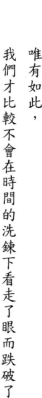

爲什麼呢？因爲人們總是非常迷信所謂權威人士所做的背書，總是把他們說出來的話看得很大。這個道理如果同樣把它放在職場裡會發現，較高階的人士所提出來的方案總是很容易得到大多數的同意，而較爲基層的人員，就算他們看出了真正的問題，提出了一些對公司企業的真知灼見，但最後會被採用的機率是微乎其微的，這就是所謂的「官大學問大」，想想還真是個非常傳神的形容呢！

再舉一個所有台灣人都會參與到的例子，那就是每四年一次的總統大選，假如您不是某個陣營的狂熱者，而是冷眼旁觀的觀察者一定能同意，整個選舉就是一個「造神」的過程。

因爲當兩個陣營各自確認了提名的候選人之後，那位候選人在該陣營的支持者眼中，所有說過的話，做過的事都會被無條件地正面放大、負面縮小；而對手所說所做的就會被無條件地正面縮小、負面放大。

更有趣的是，贏的一方在當選之後的一段人氣蜜月期裡，他們挾著高民意的支持，似乎說什麼話，談什麼事都是對的，就算是錯的，也會被朝善意的方向解讀，舉凡像陳水扁、馬英九，甚至是縮小版的柯文哲都曾經有過這樣的時刻。

然而，民意果然是如流水般地無情，陳水扁、馬英九在執政後期都因爲拿不出亮麗的成績而變得人言微輕，說什麼話、做什麼事似乎都不對，不說不做不曝光也一樣被批評⋯

只不過，如果我們能夠冷靜地來看這個現象就會發現，他們在高聲望的時候，所說所做真的都是對的嗎？而在民調趴到地上的時候，所說所做的每件事又真的都是錯的嗎？

所以，當我們把眼界拉回尋常的生活裡就會發現，一顆平等沒有偏見的心眼是何等不容易啊，因爲人們的判斷總是會被一個人的頭銜、地位、經濟能力、長相、等等外在條件給無形地左右了…

期盼我們都能在這樣的現象裡時時警惕自己，儘量地去感觸一個人、一件事他不被誇大也不被縮小的原本樣子。因爲，那才是真實的！

醍醐灌頂小語：

大象總是被畫得比實際還小，但跳蚤總是被畫得比實際還大。

……斯威夫特

醍醐人物小檔案：

斯威夫特（Jonathan Swift，一六六七～一七四五），英國愛爾蘭諷刺文學大師，以《格列佛遊記》和《一隻桶的故事》等作品聞名於世。

五、這世上有所謂的「真相」嗎？

「真相」只不過是勝利者告訴你的一個故事而已，
千萬記得，是故事而不是事實！
……電影痞子英雄對白

「真相」在很多時候的確是很殘酷的，
於是人們通常選擇矇上眼睛、摀上耳朵地去逃避它，
甚至會片面性地挑選其中想相信的部份去相信，
然後再把這個部分膨脹成全部，
雖然這距離所謂的「真實」是很有差距的，
但也許相信自己想相信的，
會比碰觸到不想相信的那一面要好過得多…

記得學生時代曾經有一門課是談究竟新聞能不能做到客觀報導呢？如果要客觀，那麼看到什麼就記錄什麼、拍到什麼就播放什麼，也就是「有聞必錄」，但這樣真的就是客觀嗎？而所謂的「鏡子理論」是否真的成立呢？

另外一種說法則是，這世上其實不可能有絕對的客觀，因爲所謂的客觀也不過是你很主觀地覺得自己客觀罷了，充其量只能做到相互的主觀辯證，也就是在多重主觀的驗證下，盡量地去做到由點而線而面的觀察。

當然我們必須珍惜且慶幸現在是身處於民主法治的時代，也許它的流弊不少而且缺乏效率，但在追求客觀的真相上的確會比過去要全面得多。因爲在專制獨裁的時代，真相就是權力者所編撰出來的故事罷了，而編撰故事的目的也在於能夠更加鞏固自己的權力，所以很多過去以爲是多麼永垂不朽的偉大事蹟，原來都不過是杜撰出來的神話而已。

還記得小時候我第一次在歷史課本讀到越王勾踐「臥薪嘗膽」故事的時候，想說天底下怎麼有這麼偉大的人，能夠忍受這麼大的屈辱。後來慢慢地接觸了更全面的史實才知道，其實勾踐並不是什麼值得效法的偉人，因為他在稱霸後不僅濫殺功臣，最後甚至連一同共患難的謀士范蠡，也深知他的為人而選擇明哲保身地離去⋯⋯

另一個例子是日本名導黑澤明的經典作品「羅生門」，敘述的是一個武士與妻子在遠行的途中被強盜攔截並捆綁，但之後武士又離奇因不明原因死去。但同一個事件，當事人的說法卻南轅北轍，因此這個故事的精神就是在闡述「人言不可盡信」的意涵，也就是說，雖然是同一件事，但人們會因為所處位置的不同而導致看到的面貌也不盡相同！

但可貴的是，當我們有了這種自覺之後再回過頭來面對很多真相的時候，也許那樣的主觀才是最靠近事實的客觀吧！

醍醐灌頂小語：

事實就好像刺眼的陽光，照得你睜不開眼睛；謊言卻像美麗的晚霞，把一切映照得炫爛艷麗。

⋯⋯卡繆

醍醐人物小檔案：

卡繆（Albert Camus，一九一三～一九六〇），法國小說家、哲學家。一九四二年因發表《異鄉人》而成名。他的創作喜歡以三部曲形式：小說＋哲學隨筆＋劇本。哲學思想在於從精神上反抗不可避免的荒誕，並著重於強調苦難之中的幸福。一九五七年榮獲諾貝爾文學獎，成為法國當時最年輕的獲獎者。

PART 8

關於友情與愛情

愛情的視覺靠的不單單只是眼睛裡的模樣，
還必須擁有來自心靈深處的交流與喜悅；
真誠的友情就像天上的星星一樣，也許並不
會每天都能見到，但彼此的心都知道
，對方一直在那裡！

一、友誼與人脈有什麼不同呢？

伴你走過深夜的不是橋梁，
也不是羽翼，而是朋友的腳步聲！

一輩子能有多少個知己，一個眼神就心有靈犀，
迎著陽光，寫下青春的詩句，
乘風追尋，最精彩的夢境，
誰在晴天時陪著我飛行，猶豫的時候陪我相信。
我們的心，經過爭執更靠近，
就像大雨，讓天空更透明。
當生命的宴席漸漸的散去，我們要依然聚在一起，
舉杯回憶，那首當時的歌曲，
那場冒險，那不變的友誼。

讓我們數著星星一起老去，讓我們肩並著肩笑看風雨，
別迷失在愛裡，為一棵樹哭泣，而放棄姐妹溫柔擁抱的森林，
讓我們順著時光一起老去，一直到彩虹盡頭也不分離，
這善變的世界，難得有你，
永遠的我們是彼此，最真的約定。

這是節錄是電影「閨蜜」的主題曲「一起老去」中的部分歌詞，閨蜜這部電影談的是女性之間的友誼，劇中的三位主角是從學生時代就在一起的好閨蜜，但隨著出社會後面臨著越來越加複雜的感情遭遇與人生抉擇，讓這三個女孩多年來的感情發生了難以想像的改變。

當然這篇文章並不是要做影評，而是談友誼，究竟友誼是什麼呢？也許這幾個詞可以當作友情進階版，像是知己、姐妹淘、哥們、意氣、死黨、閨蜜、body…等。

不可否認的，朋友是世界上最廣義的一種關係，他可以很鬆散、沒有任何的強制性，更沒有任何清楚的界定，就像臉書可以加五千個好友，

或是 LINE的群組裡也可以牽個好幾卡車的朋友，但說真的，有幾個稱得上是真正的知心好友呢？

我想，只要離開校園進入職場五年以上的人們大概都會覺得，在工作領域裡要交到真正稱得上是「友誼」的朋友還真是不容易，因爲畢竟同事與朋友之間的確是存在著相當的距離。

如果要問人脈重要嗎？答案是當然的，但我們必須清楚的知道，他是帶著很強功利性目的而存在的，也就是說當共同利益存在的時候才會存在，當利益不在的時候，其實跟陌生人沒什麼不同。

所以簡而言之，只要拿掉了共通的利益之後還能存在的，那才是真正的友誼！有句話說：在快樂時，朋友會認識我們；在患難時，我們會認識朋友！但重要的是，曾經沒有懷著複雜的心機、不帶利害關係的一同相伴走過生命中的某個關卡，那就絕對是值得在回憶裡細細品嚐的甜美滋味。

醍醐灌頂小語：

一個好朋友，勝過人世間所有絢爛的光彩。

……伏爾泰

醍醐人物小檔案：

伏爾泰（法語：Voltaire，一六九四～一七七八），法國啟蒙時代思想家，被稱為「法蘭西思想之父」，與盧梭、孟德斯鳩合稱「法蘭西啟蒙運動三劍俠」。他反對君主制度，提倡自然神論，批判天主教會，主張言論自由。「我並不同意你的觀點，但是我誓死捍衛你說話的權利。」這句出自他的名言至今仍常被拿來引用，更是現代民主政治的真諦。

二、像星星般的友情！

真正的好朋友就像星星一樣，
你不一定總是常常能見到他們，
但你知道，他們一定一直在那裡。

我覺得這段話的比喻十分貼切，
因為這個世界上，
太過黏膩的情誼，
必然會因為失去喘息的空間而變質；
越是激越的情緒，
就必然會快速的消退，
因此，能夠通得過時間考驗的友誼，
不見得需要總是黏在一起的常常見面，
但彼此心中卻都有著不需言語的默契，
就像天上的星星一樣，

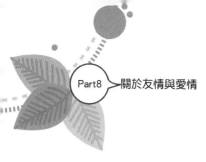

雖然不見得能夠天天看見，
但在內心深處我們清楚的知道，
彼此一直都在！

延續前一篇友情的話題，如果我以一個男生的觀點看來會覺得，「閨蜜」這部電影裡這三個女生的友誼實在是太黏膩了，在現實裡應該不大可能這樣。不過比較年輕的女性朋友則反駁說：你錯了，這絕對是可能的！

而熟齡點的女性友人則說：友情的事，男女是大不同的，女生在年輕時的友誼還蠻黏的，吃喝拉撒都在一起一點也不足爲奇，但有太多的例子就是因爲太過緊密而產生了占有的摩擦，最後反而因此毀了一段友情。不過隨著年齡漸長，閨蜜們陸續戀愛進入婚姻後，友情就會回歸平淡！

仔細想想，熟齡友人說的還蠻有道理的，的確男生與女生的友誼有著很大的性別差異，雖然我不是女生，不過常常看到就算不是孩子的成熟女性，還是會手牽手的一起去上廁所，這在男性的友情裡幾乎是不可能的，因爲大部份男生的友誼是有些距離的，如果以女生的角度來看可能會覺得已經算是有點疏離的狀態。

只是，很多男生在血氣方剛的年少時期，懵懵懂懂的喜歡學電影裡的英雄去講什麼義氣，而且很容易分不清楚人脈不是真友誼，於是誤把生意上的夥伴當成好友，而造成了除了因利益共生的酒肉朋友之外，完全沒有真正的知己，於是當有朝一日褪去了頭銜，或是無利可圖的時候才恍然發現，原來自己一個朋友也沒有，而動不動把義氣掛在嘴邊的很可能到頭來只是狐群狗黨而已！

因此，男女在友誼上的濃淡度上是各有盲點的，但我覺得古諺裡說的：君子之交淡如水，小人之交甜如蜜還真的非常有道理，因為真心誠摯的友情，只要淡淡的，就好…

醍醐灌頂小語：

所謂的患難好友，不是先來的人，或是認識最久的人，而是那個，來了之後，無論你是悲是喜，是苦是樂，再也沒有走掉的人！

三、平淡如水的幸福其實是很奢侈的

今天和他（她）睡了，明天還想和他（她）睡，
這就是愛情！
今天和他（她）睡了，明天還得和他（她）睡，
這就是婚姻！

似乎是只要進入婚姻七年以上的當事者都會有感而發的承認，「婚姻是愛情的墳墓」這句話一點也不假。而且在戲劇或小說裡更是常有類似的對白是：我只想要談單單純純的愛情，就是兩個人互相喜歡的交會，不想夾帶其他複雜因素的，因爲當牽扯到對方的朋友或是雙方家長的時候，整個感覺就變質了！

的確，兩個人要相愛是比較容易的，只要互相看對眼了，再加上適合的情境催化下，愛就會像天雷勾動地火般一發不可收拾。只不過，那樣

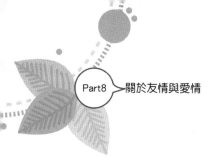

的時刻畢竟是短暫的，但一段可能有未來的感情是必定要走過這個激情的階段才有可能開花結果。就像很多人喜歡拿經典愛情電影鐵達尼號的傑克與蘿絲來討論，當虛弱的蘿絲在冰冷的海水中意識到傑克所爲她做的犧牲時，她決定堅強不放棄地奮力求生，哪怕機會是何等的渺茫！甚至到最後垂垂老矣的蘿絲在回憶的時候說：我甚至沒有他的任何一張照片，但他的輪廓與氣息永遠伴隨著我的一生。

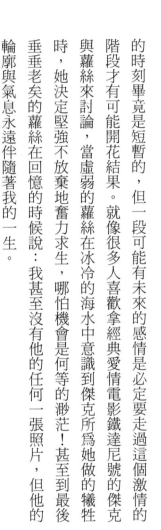

這段經典當年不知道賺了多少人的熱淚，只是如果回歸理性很煞風景的問：如果鐵達尼沒有沉沒順利靠岸了呢？那麼他們所面臨殘酷的現實問題可能就唯美不起來了。因爲愛情往下走必然變成一份責任，而有了責任之後的愛，原本的浪漫、激情神秘與想望，就會慢慢消磨殆盡，取而代之就剩下了柴米油鹽醬醋茶的生活而已，所以難怪常聽到「我不清楚對他究竟是愛，還是只是一個習慣！」的疑惑了。

只是話說回來，真正的幸福，不就是平淡如水的生活嗎？現實裡的愛情，不大可能像偶像劇裡的男女主角那樣，總有著糾葛的關係與高潮迭起的遭遇，所以在經過昇華後的愛情，其實會比較類似另一種形式的親

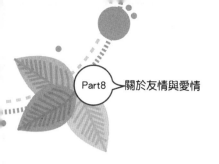

情，雖然好像是一種例行公式的習慣，但要是沒有了可能是會渾身不對勁的。

所以我把還「想」和他（她）睡是愛情，還「得」和他（她）睡是婚姻的這段話再做一個進階，那就是雖然已經沒有了想和他（她）睡的那種激情，但是不和他（她）睡卻好像怪怪的，而且就算是偷偷跟別人睡，只要一想到日後的罪惡感與一堆麻煩事，那還是跟還得一起睡的那個他（她）睡吧！

因爲這樣甘於平淡的幸福其實是很奢侈的，擁有的人們一定要好好珍惜才是！

醍醐灌頂小語：

成熟的愛就像一顆大樹一樣，需要由一顆種子發芽破土，然後慢慢的在愛的灌溉下才能枝葉繁茂。

……惠特曼

醍醐人物小檔案：

惠特曼（Walt Whitman，一八一九～一八九二），美國詩人、人文主義者，身處於超驗主義與現實主義間的變革時期，作品兼併了二者的文風。重要著作為《草葉集》。

四、愛情不是拿來放閃的，所有的感受只有自己知道

最好的伴侶絕不是條件最好的那個人，
而是不管你是好是壞，
都願意與你一起變老的那個人。

婚姻是一雙鞋，愛情是一套洋裝，
不論什麼鞋，最重要的是要合腳，
不論什麼洋裝，最重要的是舒服，
切莫只貪圖鞋子的華貴，而委屈了自己的腳丫，
切莫只貪圖洋裝的美觀，而忘掉了自己的舒適，
別人看到的是鞋與洋裝，
但都是穿在自己的身上，
所有的感受只有自己最清楚。

這段社群網站上被不斷轉載的話，我想很多人看完後一定感同身受，因爲它似乎說出了從愛情裡清醒過來後的真實心情。

有一種心理測驗是說，越愛在別人面前表示親熱，老愛在臉書裡面放閃圖文的人，實際上是對自己的感情不大有信心，或是正處於剛開始交往的混沌時期，於是只好藉由炫耀彼此的親熱來填補自信不足的缺。

而我這也發現到，身旁有些朋友，在很年輕的時候就結了婚，而且當時的對象要以現實條件來說，算是上上之選。於是辦了超級盛大的婚禮，拍了超級華麗的婚紗，在婚禮上發誓地驚天動地，彷彿就是天造地設的一對，但過沒幾年，卻徹底的撕破臉，走上離婚的路。

而當他們再婚的時候，如果要秤斤論兩地看條件的話，的確是不如第一次的，而且大多是很低調不會大肆鋪張，但卻更能夠在彼此地互動裡感受到一份踏實的珍惜。

當然有人會說，結第二次婚實在是沒什麼好炫耀的，但我從另一個角度來解讀，因爲他們一定是在失敗的經驗裡深刻體認到，愛情本來就不是拿來炫耀的，更不是用來放閃給別人羨慕的，而是時間對了、人對了、彼此願意了，然後感恩地與對方一起變老，如此而已。

的確，華麗與美觀只不過是別人眼裡與嘴裡的一個霎那，但真正要一起過下去的卻是平平淡淡的生活，所以是不是合腳、究竟舒不舒服，永遠只有自己是最清楚的！

醍醐灌頂小語：

並不是找不到更好的，只是我們先遇見了，彼此愛上了，然後願意珍惜了！

……鍾文飛（暢銷作家）

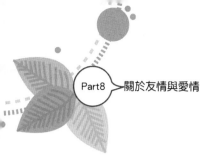

五、彼此都是彼此的缺口

愛不是彼此凝望，
而是兩人眺望同一個方向。

……聖艾．修伯里

想和妳一起撐傘漫步雨中默默牽手走過，
妳卻將傘拋在風中，擁抱雨和我，
我們完全不同卻難以抗拒，說謊都很透明，
愛情裡需要的證據，矛盾卻美麗，
妳就是妳，我才能是我
彼此都是彼此的缺口！
……華語流行歌〈缺口〉歌詞

愛情總是如此，突然在某個瞬間迸發開來，炙熱且濃烈。此時眼裡只有彼此，做什麼事都想在一起，只想彼此凝望。

但是，如果愛是一條通往幸福的道路，那麼相愛的彼此也只能經過它，不可能永遠停留在激情甜蜜的狀態。而且，世界上有個永恆不滅的定律，那就是越是炙熱東西，就越容易腐敗；越是激越的情緒，就越容易消退……

一起舞蹈唱歌，歡歡喜喜，但也要各自獨處。
就像魯特琴的琴弦一樣，雖然隨著同一首樂曲震動，卻是各自獨立。
奉獻你的心，但不要交由對方保管。
因為唯有生命之手才能包容你的心。
你們要站在一起，但不能靠得太近：
如同神殿的柱子各自矗立，
也似橡樹和柏樹無法在彼此的陰影下成長！

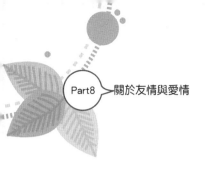

這是來自黎巴嫩作家紀伯倫《先知》中的一段話，所描述的正是愛的真諦。當然，一份成熟的愛當然一定會走過彼此凝望，而且相看兩不厭的黏膩時刻，但更重要的是當激情退去之後，還能彼此相伴地眺望著同一個方向，並朝那個眺望的遠方攜手前行，平平淡淡的，一步一步的⋯⋯

的確有一種說法是，愛情的產生其實是一種彼此的填缺遊戲，也就是男女雙方在跳一支需要與被需要的探戈。需要與被需要就是我們身上的坑洞，當找到另一個能夠填滿我們身上坑洞的人，就會感到有安全感，感情也因此滋生。

但不管如何，「缺口」這首歌的歌詞寫得真好，妳就是妳，我才能是我，彼此都是彼此的缺口。因此，再對照聖艾修伯里這簡短的幾個字，一定能夠讓我們對什麼是真正的愛有了更深的認識了。

醍醐灌頂小語：

情人像一面鏡子，往裡面看你會看見了自己！

⋯⋯西方諺語

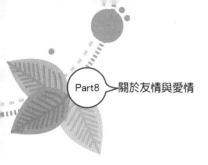

醍醐人物小檔案：

聖艾．修伯里（一九〇〇～一九四四），法國作家、飛行員。他以於一九四三年出版的童話《小王子》（Le Petit Prince／The Little Prince）而聞名於世，但在隔年二次大戰即將結束時，卻不幸於一九九四年七月三十一日執行一次飛行任務時失蹤，直到二〇〇四年四月，離奇消失近六十年的飛機殘骸才在法國南部馬賽海底附近被尋獲。在他逝世五十周年時，法國人將他與小王子的圖案印在法國五十法郎的鈔票上以茲紀念。

PART 9

關於終將逝去的青春

哪個老去的人不曾青春？
哪個青春的人不會老去？

一、現在的你，是活著？還是早就死了呢？

有些人三十歲就死掉了，
卻到六十歲才進棺材！

……西方諺語

三十歲是個很奇妙的年齡，要說老嗎？其實也還很年輕，但卻是一個開始意識到時光匆匆流逝的第一道門檻。因爲在三十歲之前，總以爲會有無窮的機會與無止盡的時光可以揮霍，但當三十歲生日來到的那一天，就會驚覺二十歲生日不是才剛過嗎？

天啊？十年了ㄝ，不知不覺就過了十年了，而這最青春的十年裡，自己究竟在做什麼呢？於是，很多人就把年輕的定義界定在三十歲。對女生而言，三十歲以前是花樣年華的正妹、辣妹、小姐，但三十歲之後就是所謂的熟女，或是變成了人妻、太太、媽媽，而且如果沒結婚就會的話就會被說成是敗犬。

對男生而言，三十歲的這個檻也許可以延後個五年、十年，但當有小朋友在不經意的情形下叫你大叔的時候，那就再怎麼不願意都必須承認，青春已經是有點遙遠的往事了。要是還沒成家的話就會被說成是光棍，這些年甚至還出現了一一一一的光棍節呢（每年十一月十一日）！

當然很多激勵人心的話語都說，年齡不該是限制，只要心是年輕的，那就可以天天年輕。但我們很難去否認的是，年齡的確給了我們很多外在的限制，像是體力、記憶、反應，以及揮霍歲月的本錢。只不過，難道當年紀上的數字年輕不再的時候，只能剩下感嘆與抱怨嗎？

我很喜歡羅曼羅蘭的這段警語：「很多人不再年輕之後，就只變成了自己的影子，往後的生命不過是拿來模仿自己的，只是把以前年輕時代曾經說過的、做過的、想過的、喜歡的，一天天的重複，而且重複的方式越來越機械，越來越荒腔走板！」

曾經看過一位韓國作家所寫的散文，她提到了在熟齡之後，回想著以前想做卻沒做的事，然後一一地去挑戰，當然有些現在看來已經不切實際了，能夠完成的機會很渺茫了，沒關係，承認它就好，而且更可以拿來

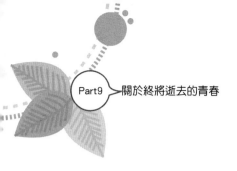

警惕自己，現在眼前還能做的，還行有餘力的，哪怕只是看來微不足道的小事，那就趕快做吧。

這並不是沉溺於過去，而是一種脫離想望糾纏的具體力行，因爲曾經想嘗試去做的事，如果沒有盡力試過，那是不可能會釋懷的。所以假如有一天要跟晚輩聊聊比較深度有營養的人生話題，也希望是能夠跟他們分享自己曾經很努力去做過的事，而不是那些明明沒做過，卻用勵志書裡的好話來包裝，倚老賣老一番。

而且，就算那些事後來沒有成功地開花結果，但努力的過程絕對是很有價值的智慧…否則，如果一味沉溺於眼前短暫而無意義的事，持續不知所云無感地一直活到老死的那一天，那才真的是一件很悲哀的事呢！

醍醐灌頂小語：

眼前埋伏廣袤的原野和恐懼，儘管還一無所有，但在幻想中，感覺自己擁有一切，那就是青春！

……陳文茜（資深媒體人）

二、終將逝去的青春，除了嘆息，我們還能做些什麼呢？

童年生命像是從遠處看去的戲院佈景；
老年，佈景依舊，
但我們卻已站在靠近佈景的地方！

……叔本華

「青春是驕傲，青春是狂放，
青春會讓人誤以為自己是強者。」
但其實青春是冰做的風鈴，不斷消逝。
哪個老去的人不曾青春？
哪個青春的人不會老去？

……張曼娟（暢銷作家）

這是來自作家張曼娟作品裡的一段話，很犀利地把青春的優勢與狂妄一語道破，只不過，青春似乎總是像超級特快車般的急速飆駛，當我們不知不覺回眸凝望的時候，卻已經是再怎麼樣也回不去了。

親愛的朋友們，如果您覺得青春好像才是昨天的時候，那麼代表您又靠近舞台的佈景一步了。因爲青春就是這樣，當正處於其中的時候，總是渾然不覺，只有當必須回眸的時候才能感觸到他的可貴。

尤其像是生日的時候，年輕時總是要興高采烈在蛋糕的蠟燭上秀出那驕傲的數字，甚至還希望趕快變多，但不知不覺漸漸地就會把那數字變成了問號；又或是過年的時候，除了放假、大吃大喝、發紅包拿紅包之外，我想大家最多的感嘆就是：時間怎麼過得這麼快呢？明明去年的過年才剛過的不是嗎？而且一晃眼，馬上就是元宵，然後清明，再來端午…中秋…聖誕…接著又跨年 happy new year了…

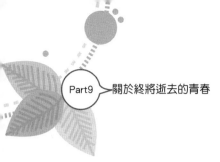

所以我覺得，德國哲學家叔本華的這段話非常真切地對年華老去的事實做了一個貼切的描述。也許，人生就像是一座大型的戲院，我們時而

是觀眾，時而上台扮演某個角色，然後又下台變成觀眾看戲；有時邊看邊演、邊演邊看，我想人生如戲、戲如人生大概就是這個感覺吧！

只是不管如何，大家都會越來越靠近那個舞台佈景，因此衷心地盼望我們都能在這越加靠近的過程中，漸漸地擁有一顆既豁達又淡然的睿智心靈！

醍醐灌頂小語：

青春是短暫的，但智慧是無窮的，誰也無法阻止青春的流逝，我們所能做的就是在有限的生命裡，盡力地去體悟出智慧的真諦！

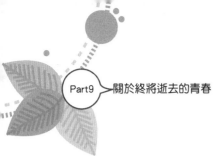

三、不必怨嘆時代變了，而是必須用新的眼界來看新時代！

把你的老年過得如童年，童年過得如老年。
也就是說，不要在你的智慧參雜傲慢，
也不要使你的謙卑之中沒有智慧！

……釋迦牟尼

時常在世代之間聽到這段話：現在的年輕人怎麼變成這樣啊⋯⋯想當年，我們可是如何如何而且超級辛苦的，哪像現在，唉，時代真的是變了！

而年輕人也時常說：都是現在的這些大人，剝奪了我們的資源，透支了我們的未來，還把國家財政弄得就要破產了，而且還只會教訓別人。

的確，目前的台灣社會存在著世代之間的緊張關係，老的一輩覺得年輕人真是不知長進，而年輕一輩則覺得老一輩的人就只會提當年勇，真是自私到不行！

只是，在時間的自然推移下，每個孩子都會變成老人，而每個老人也一定都是從孩童慢慢變老的，但為什麼世代之間的關係會如此緊張呢？

我想，「時代真的是變了」這句話是很關鍵的，因為每個人所歷經的時代都是獨一無二的，而每個時代不同的時空背景都會造就出屬於那個時期獨有的現象與想法，因此若總站在自己當時所處的時空來論斷現在的話，那麼報怨與不諒解就會層出不窮了。

其實，每個年齡都具備著那個年齡的優勢與缺陷，像是年少的時候，擁有的是熱情、衝勁與單純，但缺的就是縝密的思考與成熟的 EQ；而隨著年齡成長之後，必然會變得更加世故且比較會算計，所以才會有古諺說：「少不讀水滸，戒之在鬥；老不讀三國，戒之在奸」，也許就是這個道理。

然而我覺得釋迦牟尼的這段話更是頗堪玩味，因為乍看之下會很疑惑，童年就是童年，老年就是老年，不大了解為何要把童年過得如老年，

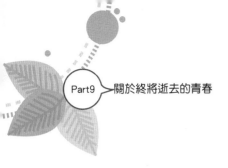

老年過得如童年呢？

但細細的思考後終於有了些體悟，那就是應該試著跳脫自己目前這個年齡的侷限，去欣賞、學習、補足現在所缺乏的，也就是年輕人可以向長輩學習成熟的智慧與圓融，盡量地戒除有勇無謀的血氣方剛，而年長者也應該拋掉倚老賣老的本位主義，試著重拾年輕時的單純與熱情，並放下過多的算計與傲慢。

這樣的話，不管您現在是童年、壯年還是老年，一定能夠用將心比心的態度來理解並接納不同年齡的價值觀，而且可以從中得到更高的人生視野，如此一來不同世代間的緊張與衝突也自然能夠迎刃而解了。

醍醐灌頂小語：

我們必須在生活中不斷的學習，不要以為年紀的增長會自動帶來智慧，因為只長年紀不長智慧的人，比比皆是！

醍醐人物小檔案：

釋迦牟尼，原名悉達多．喬達摩，古印度著名思想家，佛教創始人，出生於今尼泊爾南部。「釋迦」是他所屬的部族釋迦族的名稱，有「能」、「勇」的意思；「牟尼」意為「文」、「仁」與「寂默」。中國從明朝開始尊稱他為佛祖，成為民間信仰中脫離六道輪迴的智者象徵。

四、「相由心生」的美麗

的確現在的我臉上多了不少皺紋。
不過，有多少皺紋，就代表我多了多少溫暖。
所以相較於年輕的自己，我更喜歡現在的容顏。

……奧黛莉、赫本

蘇格拉底：什麼是美呢？

希比阿斯：美是漂亮的小姐

蘇格拉底：難道豎琴不美嗎？而最美的猴子比起人，還是最醜的，最美的人比起神，卻也是醜的…

這是摘錄自柏拉圖作品集裡的一段對話，當中記錄了蘇格拉底與詭辯學家希比阿斯的一小段對話，而且最後的結論卻是：「要探究什麼才是美，是困難的！」因爲美總是見仁見智。

當然也有人也說的很直接：青春無敵，只要是年輕的就很美，透嫩的肌膚、沒有皺紋的臉龐、烏黑的秀髮…就像選美一樣，因爲不可能有選美是比誰的皺紋多、皮膚下垮暗沉的程度吧！

多年前曾經有記者專訪成功打造出裴勇俊炫風的韓國名導尹錫湖先生，問他爲什麼韓劇能夠全面性地席捲全亞洲呢？他說關鍵就在俊男與美女，因爲人都愛看美的事物，如果男不俊女不美的話，恐怕再好的故事與製作也難以擄獲觀眾的心！

當然，這些年拜醫美的凍齡產品或手術之賜，的確能夠幫助人們延緩衰老的速度而看起來更年輕些。只不過，美除了表層上的亮麗與逆齡之外，是不是存在著更進階的看法呢？我想奧黛莉、赫本在晚年時所說的這段話，給了我們另一個審美的境界與層次。

稍微熟齡一點的朋友對奧黛莉、赫本一定不陌生，最著名的作品莫過於一九五三年所主演的「羅馬假期」，她在片中表現公主般的高雅氣

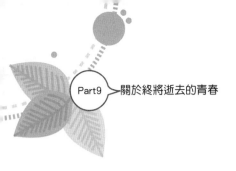

息，甚至片中的髮型還被稱爲是「赫本頭」，代表著天真無邪的氣息而且一直流傳至今。

而在她晚年的時期，並沒有因爲失去青春的美麗而焦慮，反而投身於聯合國兒童基金會擔任親善大使，多次親赴拉丁美洲與非洲地區爲貧童募款，將善與美的溫暖傳遞出去。

這就像西方古諺裡談到的，把皺紋與衰老當成生命自然的現象來正面看待，並將他比喻成沒有沉澱物的葡萄酒，因爲好的葡萄酒在經過長時間的熟成後，連沉澱物都會融解而散發出透明的光澤。如果類比到人的容顏，就像成熟睿智的長輩一樣，從表情與面容中就散發出一股祥和溫潤的氣息，既優雅且溫暖，可以讓人們感受到一種「相由心生」的美麗境界。

所以，除了透過後天的裝扮來讓自己的外表加分之外，由內而外所蘊含的靈魂深度是更值得我們用盡一生地努力來好好充實的…

醍醐灌頂小語：

朋友開始恭維你看起來還很年輕時，可以確信自己已經變老囉！

……華盛頓、歐文

醍醐人物小檔案：

奧黛麗・赫本（Audrey Kathleen Hepburn-Ruston，一九二九～一九九三），活躍於一九五〇至一九六〇年的美國影壇，並以優雅的氣質和卓越品味的穿著著稱。一九五四年以《羅馬假期》榮獲第二十五屆奧斯卡影后。從影超過卅年，作品雖不算多，但在秉持著精挑劇本與慎選合作導演的堅持下，有一半以上的作品可堪稱影史上的經典，例如《羅馬假期》、《第凡內早餐》和《窈窕淑女》等等。

華盛頓・歐文（Washington Irving、一七八三～一八五九），美國著名短篇小說家，亦是一名律師，曾當過對西班牙及英國的外交官。他是第一個用白話文寫作的作家，並強調寫作是為了取悅於觀眾而不是進行啟蒙式的說教，因此被譽為「美國第一文學家」，著名作品包括《李伯大夢》、《沉睡谷傳奇》等。

PART 10

關於我們所看見的世界究竟是什麼呢？

一隻船槳在水中看起來就像是彎的，但實際上它卻是直的。

重要的不是看到了什麼，而是必須釐清是在什麼樣的情況下看到的！

因為你所看見的，正好反映出，你是什麼！

一、到底我看到了什麼呢？

人們總是把自己視野的侷限，
當成是整個世界的侷限！

……叔本華

我們所看見的世界，
其實是自己心靈所投射的畫布，
所以如果以快樂的心境創作，
就會得到喜悅的畫面；
若是用悲傷來調色，
就畫出晦暗悲傷的作品。
也就是說，你所看見的世界，
正好反映出，你是什麼！

先聊一個佛印與蘇東坡的一段故事。蘇東坡見到佛印的時候問他：你看我像什麼？

佛印回答：你像一尊佛！

而佛印也問蘇東坡：你看我像什麼？

蘇東坡回答說：我看你像堆糞！

結果蘇東坡回家後還自得意滿地把這件事跟妹妹說，想說妹妹應該會稱讚自己在言語上佔了便宜，沒想到妹妹跟他說：其實你根本就不如佛印還這樣沾沾自喜，因爲你是什麼樣的人，看到別人就是什麼樣子，人家佛印心想的都是佛法向善的事，才會把你這個老是想在言語上貶低別人的人也看成佛，所以佛印真的比你高明太多了！

另一個故事是心理學家曾經透過猩猩所做的一個實驗，他們在一個房間的牆壁上鑲嵌著許多面鏡子，然後分別把兩隻性格完全不同的猩猩放進房間，第一隻猩猩性格溫馴，牠被放進房間後立刻看到好多隻同樣很溫順的同伴，於是牠就很快樂的在房間裡與鏡子裡的牠們愉快地玩耍著。等到三天後實驗人員要將牠牽出房間的時候，牠還依依不捨的回頭張望。

而另一隻猩猩則是性格乖戾暴躁，牠被放入房間後，立刻看到房間裡有一堆來意不善的同類似乎要侵犯自己，於是牠立刻展開激烈的反擊，對著鏡中的牠們廝殺纏鬥，同樣三天後，當工作人員要將牠帶出時，這隻猩猩竟因體力耗盡而奄奄一息。

這兩個小故事其實都再再印證了叔本華的這句話，也就是我們眼前所看到的一切，其實有很大比例是自己心境地投射，與其說是看到了廣大的萬事萬物，還不如說其實是看見反射出來的自己。

也許，世界的確是無窮的遼闊，但重要的是我們必須跨出心牆的侷限才行！

醍醐灌頂小語：

念頭不變，命運就無法改變；
念頭一變，我們的世界就會開始改變，
只要把心放寬，世界就會為我們無條件地敞開！

二、我是誰？我究竟到底是誰？

我不在乎我寫的東西在別人眼裡是好還是不好，
因為好或壞都是源自我的胸中真實的吐露！
……亨利、米勒（Henry Miller）

只要你仍擔心別人對你的看法，
別人就會一直是你的主人，
唯有當你再也不需要別人的認可，
你才能成為自己真正的主人！
別人怎麼看我們其實並不重要，
重要的是我們是怎麼看待自己的，
因為你的心裡怎麼想，決定了你成為怎樣的人！

也許大家都是這麼走過來的，小的時候、年輕的時候，總是會很在意別人眼裡的自己，想得到同儕的認同，或是努力達成父母的期望，於是我們必須不由自主地把內在那個真正的自己忽視或是隱形，而把別人的肯定與讚美當成是最重要的，總是想著，我做這件事別人會怎麼看我呢？

這幾年來像臉書這類社群網站上的「讚」，反映的也正是這樣的心態。記得看過一篇文章提到，他本身已經是五十幾歲的中年人，但卻還在夢中夢到自己變回小的時候，因爲小時父親對他非常嚴厲，總是要求他能夠品學兼優，好在親友鄰居面前可以走路有風。

只不過他一直不是個會念書的孩子，因此父子關係一直不是很好，到現在父親都已經過世了好多年，竟然還能夢到此情此景，可見別人的期望所造成的影響會有多大。

先前的篇章裡提到，「我們所看見的世界，其實是自己心靈所投射的畫布」，那麼同理可證，別人所看見的我們，究竟是副什麼模樣呢？

只是，猜想別人怎麼看自己，實際上是有些多此一舉，因爲我們的外在，就是我們內心的投射！當然，因爲社會化的關係，每個人或多或少都因爲扮演多重的角色，所以需要很多個面具來做適度的裝扮，這其實是沒有辦法也無可厚非的事，但我們千萬不要忘了，我們的心裡怎麼想，會決定自己成爲怎樣的人！

「我是誰」的決定權永遠在我們自己，而不是在別人的眼裡與嘴裡⋯⋯也就是說，如果我們太過在意別人眼裡的我而背叛了自己，那麼別人希望的那個自己與真正的自己將會不斷的爭奪、打架，最終導致我們精疲力竭。

而且就算最後達到了別人眼裡的期望，那真的就是所謂的成功嗎？因爲人生不是要證明給誰或是讓別人羨慕而活的，認識自己、實踐自己並踏實地活著，才是最重要的事！

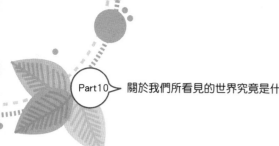

醍醐灌頂小語：

不要為了得到別人的讚美而活著，而是要讓自己替自己的選擇感到驕傲，這才是真實的人生！

醍醐人物小檔案：

亨利・米勒（Henry Miller，一八九一～一九八〇），是二十世紀美國富有獨特性又極具爭議的文學大師。一九三四年在巴黎出版了《北回歸線》，五年後又出版了《南回歸線》。這兩本書的寫作風格形成了一種對傳統觀念的勇猛挑戰與反叛，給歐洲文學先鋒派帶來了巨大的震動，被六〇年代反主流文化譽為自由和性解放的先知。

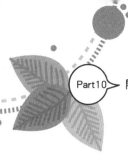

三、心境→態度→習慣→性格→命運

心若改變，態度也跟著改變；
態度改變，習慣也跟著改變；
習慣改變，性格也跟著改變；
性格改變，命運也跟著改變！

……馬斯洛

這難道是命中注定嗎？我的真命天子（女）到底什麼時候出現呢？算命、改名、換風水是不是有效呢？命運真的是掌握在自己手中嗎？

我想，不管走到哪一個人生階段，是順利還是坎坷，人們對命運的疑問與好奇一直會是生命中最重要的一件事。而像我這樣人到中年的時候，如果問我究竟有沒有命中注定這件事呢？我會非常確定的回答：有！

有的人一生出來就是天生麗質，臉蛋好身材棒，不必任何地努力就有一大堆男人排隊要跟她示愛；有的人則出生在經濟優渥的家庭裡，長大了理所當然就繼承了家業，並不必花太多努力自然而然就五子登科了。

當然，大部分的人都處在中間，長相中等、智商中等、出生的家庭也算小康，因此必須很努力去把握一些機會，而運氣好一些的，自然命運就順遂些，而運氣較差的就走得坎坷一點，並奮力地期望自己的努力能夠將眼前的劣勢扭轉……

只是，如果命運是注定好的，那麼我們活著到底還需要努力些什麼呢？我想馬斯洛所說的這四個層次，心境→態度→習慣→性格，正是我們面對命運的最好註解，因爲我們的命運，正是性格與態度所累積出來的結果。因爲心境決定了態度，態度造就了習慣，習慣形塑出性格，而性格就是命運，所以才會常聽到「性格決定命運」就是這個道理。

也許，大的運勢好壞真的不是渺小的我們所能決定的，所以有人會把人生比喻成棋局或麻將，會拿到好牌還是壞牌那就是上天的意思，但我們只能盡力地善用手裡的牌打到最後；另一種說法則是人生的劇本早已寫好，我們只能盡力演出……

但不管我們拿到什麼牌，或是劇本有多麼難演，重要的還是看我們用什麼樣的心境來面對手上的牌或是劇本，然後調整出最正面的態度來往下走，勇敢地接受命運的考驗，並盡己所能地試試看能夠改變到什麼程度，如果能夠做到這樣的話，就算最後的結果與原本預期有些落差，那也不必覺得有什麼遺憾了，因為自己絕對是人生舞台上最值得驕傲的最佳男（女）主角！

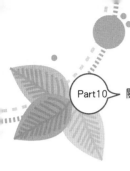

醍醐灌頂小語：

待在原地，只會讓我們陷入不安的懷疑與害怕之中，唯有起身行動，才能激發出最堅強的自信與勇氣！

醍醐人物小檔案：

馬斯洛（Abraham Harold Maslow，一九〇八～一九七〇），美國心理學家，以需求層次理論最為著名，提出了生理、安全、隸屬與愛、自尊、求知、審美、自我實現等七個層次的需求，並強調生命的最終目標在於自我成長和自我理解，唯有如此才能讓人獲得真正的快

四、眼見一定為憑嗎？

一隻船槳在水中看起來就像是彎的，
但實際上它卻是直的。
所以重要的不是看到了什麼，
而是必須釐清是在什麼情況下看到的！
……蒙田

記得有一則有趣的新聞是，有個熱心的網友到自助餐店排隊買便當，當排到櫃台要結帳的時候，看到排在他前面的是一位外國人，這位外國人手上拿著一個餐盒，而老闆也按部就班秤重後告訴外國人是五百塊錢，還比了一個五的手勢，外國人也不疑有他的就拿來出五百塊錢結帳。

但目睹這一切的網友心想，這老闆也太黑心了吧，是欺負外國人不知道米價存心想坑人，於是這名網友在用完餐後越想越不對，後來決定揭露老闆的惡劣行徑，把所見的一切PO在網路上。一開始網友們也一面倒

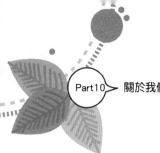

認爲老闆實在太惡劣了，甚至還發起了抵制行動，一直到事發第三天，老闆終於出面喊冤，並調出監視器畫面自清。

畫面還原了結帳更早之前的情形，原來這位外國人是跟另外五位同伴一起前來用餐，這五位同伴先挑好菜後就先找座位用餐，而結帳的是第六位外國人，所以五百元是六個便當總合的費用，但網友只看到第六個外國人結帳那一刻，雖然眼見爲憑，但看到的卻是片面片刻的事實，而他又將片面的事實加上自己的想像，然後就加工成爲自己以爲的事實，還好剛好有裝監視器還原整段過程，否則還真是跳到黃河也洗不清了！

而另一個故事則是二〇一三年轟動社會的八里「媽媽嘴咖啡館」命案，當時的老闆呂炳宏被強烈懷疑是殺人共犯，各大媒體幾乎陷入瘋狂地全都自扮柯南變成了偵探，正當社會輿論鬧得沸沸揚揚的時候，竟有位在咖啡館附近一家金紙店老闆娘出面指認，表示呂炳宏在案發後來店裡買過金紙並指證歷歷，但事後在檢調證據法則的清查後確認並無此事，最後也終於還給了老闆清白。

只不過有趣的是，金紙店老闆娘究竟是看到長得很像呂炳宏的人？

再加上自己的想像，然後就變成了真的看到了？還是以前曾經看過他，但是把時間點弄錯了呢？當然，這也都只是我的推測而已…因爲眼見都不一定能爲憑，更何況是我自己的想像呢？

其實類似的情形更常發生在某些周刊的報導裡，就是拍到了幾張照片，然後就開始看圖說故事了起來，所以俗諺所說的：看一個影子生一個孩子，還真是有幾分道理。所以當下次我們親眼目睹到什麼的時候，千萬要記得還是必須先三思，尤其是在這個網路訊息氾濫的時代，妄下斷語的後果常常是會傷人傷己的，不可不慎！

醍醐灌頂小語：

人們所看到的，很多時候是我們希望看到些什麼，再加上自我豐富想像力的合成品。

醍醐人物小檔案：

蒙田（Michel de Montaigne，一五三三～一五九二），法國文藝復興時期最有指標性的哲學家，以《隨筆集》（Essais）三卷留名後世。《隨筆集》在西方文學史上占有重要地位，作者另闢新徑大談自己，開卷即說：「吾書之素材無他，即吾人也。」

PART 11

關於情緒管理的智慧與 EQ

有一種氣息比我們的面貌更像自己，那就是我們的表情；
而能夠讓我們的表情帶來正面能量的，那便是發自內心的一抹淡淡微笑！

一、感到快要暴怒的時候，先忍住，否則一定後悔！

如果感到生氣，開口前先數到十；
如果非常生氣，就數到一百！

……傑弗遜

感到生氣的當下，
每個人都會想要立刻地做出反擊
這其實是正常生物的本能反應。
只不過，這樣的本能時常只會把問題越弄越糟，
因為氣頭上的任何反擊，
有百分之九十九的機率都會讓自己在事後得到的只是萬分不已的
懊悔而已……

時常聽聞的一句話是說：一個銅板拍不響，吵架需要兩個人，但停止吵架只需要一個人，有一方停了，自然就吵不下去了。但如果你一言我一句，就像打排球一樣，你這邊發球，我這邊殺球，不斷一來一往，越打越猛，越炒火氣越大，話越說越難聽，到了最後也會不可收拾！

曾經談到馬路上的所有反應其實就是人生的縮影，因爲社會新聞裡經常看到很多行車糾紛，可能只是對方按了一下喇叭，或是無預警地被超車，這類的爭執在旁觀者看來真的是沒什麼大不了，但卻時常鬧到雙方下車互毆，甚至拿起武器互砍，誇張的是最後還鬧出人命的都有。

記得不久前有一個教大學授騎著單車在路上，後方一輛公車只是按了一下喇叭，但這位教授竟然就在大馬路上把公車攔下來，然後當眾飆罵了好幾分鐘，結果這個醜態都被行車紀錄器給拍了下來，還被 PO到網路上，真是做了爲人師表的最壞榜樣。

但我想事後這位教授應該非常後悔，因爲每個人都會有這樣的經驗，不管是騎車開車走路，突然間被刺耳的喇叭聲叭了一下之後，當下第一秒的反應絕對是一股火氣上來，然後非常想要破口大罵地飆出髒話，但只要我們忍過那個當下之後，二分鐘、五分鐘、十分鐘後再來回首那個情緒的時候，一定會很慶幸那時候忍了下來，不然要是失控而與對方動氣理論，只不過是讓自己二度的再受氣而已，得不到任何一絲的好處。

當然，我們都不是聖人，都有情緒，也都會生氣，但如果能夠盡量試著學習不讓生氣變成暴怒，努力控制住憤怒的情緒，那麼很多原本會很複雜難解的事，最後一定都能夠大事化小、小事化無的解決了。

醍醐灌頂小語：

你每發怒一分鐘，便失去了六十秒鐘的幸福！

……愛默生

醍醐人物小檔案：

傑佛遜（Thomas Jefferson，一七四三～一八二六），美國第三任總統，同時也是《美國獨立宣言》主要起草人，也是美國開國元勛中最具影響力者之一。最著名的言論是：「如果讓我選擇，是要有政府而無報紙，或有報紙而無政府，我會毫不猶豫的選擇後者」以此強調新聞自由在民主政治中的重要性。

二、即將要說出口的話，是不是會比沉默更有價值呢？

上帝給我們兩隻耳朵、一雙眼睛，
而只有一張嘴巴，
為的就是要我們多聽、多看、少說！

……蘇格拉底

當我們滔滔不絕，拼命地想搶話講的時候，
內心必定是急躁浮動的，
很容易會脫口而出不該說的話，
不但會無心地傷害到別人，
更會讓自己的缺點曝露無遺。
而聆聽本身就是一份尊重、一種信任，
這個過程能夠琢磨我們急躁好辯的那一面。

因此試著修練看看，
當下次要開口說話前，
先三思個幾秒鐘就好，
想一下待會要說出口的話，
是不是會比沉默更有價值呢？

在臉書上曾討論過這個話題，而有一位網友留言說，愛說話說得天花亂墜算是一種病嗎？其實，只要觀察天真無邪的孩子，不難發現只要有孩子的地方，總是嘰嘰喳喳超級熱鬧的，甚至有時候還會看到他們想搶話講講到噎到的模樣，真是有夠可愛的，但也從孩子們身上看到了人性最毫無掩飾的那一面。

而大人的世界裡，我想應該所有人都遇過致詞的場合，不管是頒獎、剪綵、典禮，致詞者只要一拿到麥克風，就會像著了魔似地說個不停，從爸爸、媽媽、兄弟姊妹、鄰居、愛犬…一路的說起，說到沒完沒了無窮無盡，好不容易熬到了最後可以結束的時候，大家報以熱烈的掌聲來恭喜彼此終於解脫了⋯

沒錯，愛說話是人的天性，而且時常會越說越起勁，只不過講話是需要經過大腦的，但當說到太 high 太忘我的時候，經過大腦的部份就會越來越少，所以禍從口出的機會就會越來越高。

與朋友們分享這個故事是：有三個人結伴前往求見傳說中的智者，希望能得到開悟的智慧。見到大師後，其中一位先開口問：「大師，該怎麼去除心中的煩惱呢？」

大師聽完後閉上眼睛沉默沒有回答。

另一個又問：「該怎麼追尋快樂呢？」

大師於是抬頭望向窗外，然後再將眼光收回並看著地上露出沉思的表情，但仍不發一語。

第三個接著問：「什麼是幸福呢？」

大師依舊沉默不語，雙手一攤地擺出了莫可奈何的樣子。

雖然大師一句話也沒說，但三個人似乎是若有所悟地離開了。回程時他們互相交換心得說：「真的不愧是高人，他閉上眼睛是說快樂不必刻意追尋，其實就在我們心中；看向窗外是提醒我們不要侷限自己的眼光，心胸開闊了煩惱就自然消失了；攤開雙手是要我們放下一切，只要放下了就會幸福……」

其實沉默大師並不是什麼得道的高人，他心想剛才差點被問倒了，還好一直沉默到底才讓他們識趣地走掉了……

雖然這個寓言有點像是漫畫式的無厘頭幽默，但我一直覺得它是用詼諧的方式來對「沉默是金」做了個最有趣的詮釋！

醍醐灌頂小語：

表示輕蔑的最好辦法，莫過於沉默！

……蕭伯納

醍醐人物小檔案：

蘇格拉底（拉丁文：Socrates，西元前四七〇～前三九九年），

古希臘哲學家，和其學生柏拉圖及柏拉圖的學生亞里斯多德被並稱為希臘三賢，成為西方哲學的奠基者。

三、並不是因為幸福才笑，而是因為笑了，所以幸福！

當你對一百個人微笑，
就能融化一百顆心；
當你握住一百個人的手，
就能感受一百種溫度。

……德雷莎修女

就算此刻的自己，
處境艱難到絲毫笑不出來，
甚至悲傷到覺得萬念俱灰，
但我們都不能放棄找回一絲笑容的可能希望，
很多時候哭著哭著就笑了
就算只是苦笑都好。

並不是因為幸福才笑，
而是因為笑了，所以幸福！

據說在所有的生物當中，只有人是能夠笑的！

我想養過狗的朋友們都會知道，牠是人類最忠實的朋友，牠們在很快樂的時候，我們能夠從發出的聲音或是面部表情來感受出牠的情緒，但即便如此，狗兒就是無法像人一樣能夠在雀躍快樂的時候張開嘴地哈哈大笑。

所以能夠笑，是上天給予人類一個很大的恩賜，如果整天板著一張臉，那還真是糟蹋了上天給我們的禮物。

當然一定有人會說，拜託，我的處境這麼糟，遇到這麼難過的事，是要怎麼可以笑得出來?這讓我想起來自法國的一句諺語：「並不是因爲幸福才笑，而是因爲笑了，所以幸福」這句話也許比較年輕的朋友們，很難馬上懂得它的意思是什麼，甚至會覺得這難道不是鬼打牆的繞口令嗎？

看過一個小故事是說，一個單親媽媽萬念俱灰想帶著孩子一起尋死，經過了便利商店孩子吵著要吃霜淇淋，單親媽媽想說那就在最後替可憐的孩子實現這個簡單的願望吧，於是看著孩子邊吃並很滿足對著媽媽笑的模樣，原本堅定尋死的心竟動搖了起來，看著看著就更加覺得於心不忍，最後終於打消了尋死的念頭。先是抱著孩子哭了起來，然後又對著孩子苦笑了起來…原來是孩子的笑容拯救了母親原本絕望的心，並讓她再次的堅強了起來！

當然，人只要長大，笑點就會變得越來越高，不像孩子，玩個捉迷藏、扮個鬼臉都能笑個老半天，所以很多時候，如果覺得自己陷入沮喪，那就試著看看孩子的笑容就好。因爲笑也是會感染的，曾經有個國外的實驗是，派一個人在公共場所裡拼命大笑，一開始大家摸不著頭緒的想說這個人到底在笑什麼，結果過個兩分鐘後，開始有人看著看著也跟著就笑了，接著就有更多原本旁觀的人也笑了，再過了幾分鐘，「ㄍㄧㄥ」了很久的人也終於笑了出來，最後就變成整群人笑成一團的畫面…

也許，在真的很悲傷的時候是笑不出來的，沒關係那就別勉強，如果想哭，就放聲大哭吧，用力地把想發洩的情緒全都發洩出來，雖然不可能立刻地走出悲傷，但至少會稍微好過一些。而且在哭完之後，千萬不要忘了自己還是擁有破涕爲笑的權利，因爲能夠笑，是上天給我們的最大恩賜！

醍醐灌頂小語：

笑容不需要花一塊錢，卻能創造百萬元的價值！

……卡內基

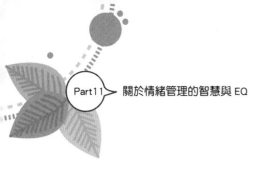

四、想要讀一個人的心，那就凝視著他的眼睛吧！

眼神裡的言語，
世界上任何地方的人都能理解；
想要讀一個人的心，
那就看著他的眼睛！

想要用心地觀察一個人的時候，
那就認真地看著他的眼睛吧！
言語可以誇大、
表情可以偽裝、
行為可以掩飾、
但唯有眼神是騙不了人的，
所以，如果您想要用真心對待一個人的話，

其實不必花大錢去買太昂貴的禮物，
或是費盡心思說些太過肉麻的甜言與蜜語，
只需要用發自內心最誠懇的眼神凝望對方，
這就夠了！

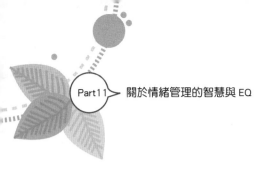

「萌療癒」是這幾年來新興的名詞，它的代表像是 LINE裡面的貼圖、熊貓圓仔、幾年前的黃色小鴨，以及許多網路上瘋傳的小貓、小狗或是小朋友的可愛影片照片，讓人們看了心都融化了。而這些大受歡迎的萌療癒吉祥物其實都有一個共通特點，那就是天真無邪像湖水般澄澈的無辜眼神，讓人愛不釋眼地想要一看再看！

「爲什麼要躲避我的眼神！」、「我要你看著我的眼睛說！」……這類在連續劇裡男女主角不敗的千年台詞，我想朋友們一定不會陌生，因爲有默契的情人或是夥伴，常常只要搜尋到對方的眼神就能知道他的意思是什麼，這也說明了眼神在人與人間的情感交流裡所扮演的絕對性關鍵角色。

而且眼睛是靈魂之窗，透過他，就能夠直達一個人的心底，讓看似無法外露的訊息顯現出來，因此眼神裡透露的是飄浮還是沉靜，是晦暗還是透亮，一切都會無所遁形。

所以，延續前一篇提到的微笑，我想能夠迅速拉近兩個陌生人最快的方式就是眼神注視著對方，然後給予一抹微笑，因爲這是不需言語就能夠讓人感到溫馨的共通感受。試想如果只是微笑，但眼神卻沒有看著對方，那其實就等於沒有把友善的電波放送出去！

也難怪服務業的訓練守則裡，誠懇的眼神始終是讓顧客感到賓至如歸的必備要素，就算只是到便利商店買個東西結個帳，到郵局去寄個掛號，或是走過辦公大樓遇到管理的保全人員，雖然這些都是素昧平生的路人，但眼神的短暫交會都能讓人感到心情愉悅。

看過一篇報導提到，日本某家企業在辦公室裡提倡員工們能夠培養互相打招呼的習慣，也許在業務上並無交集，更可能存在著競爭關係，但既然在同個屋簷下一起工作，難道遇到了要裝做沒看到嗎?結果在提倡了這個想法後，公司的運作與業績還比以前進步了不少呢！

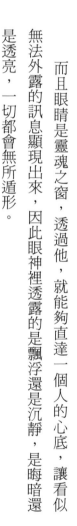

的確很多時候，在同一家公司，同一棟大樓，甚至就住在隔壁附近的鄰居，很多人冷漠到就算遇到了，卻連抬個頭看一下對方都不願意。其實只要換個角度想，抬起頭看一下對方點個頭，既不花一毛錢也沒多花什麼精神，卻能給予彼此些微的正面能量，何樂而不爲呢？

醍醐灌頂小語：

觀其眼神，知其心機！

……西方諺語

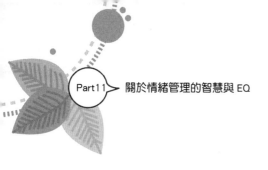

五、給別人留餘地，就是給自己留生機

話不要說死，事不要做絕，
地球是圓的，日後好相見！

時光只會毫不留情地向前流逝，
但我們生命裡的際遇卻是一個個大小不同的圓，
彼此不斷交錯且堆疊著，
時常看似已經走到了盡頭，
但那通常都會是一個嶄新的起點！
因此，現在替別人留點餘地，
就是替以後的自己留下了一線的生機⋯

時常聽到這句話：「政治上沒有永遠的敵人，也沒有永遠的朋友！」，以前的我還不是很能夠體會，但現在覺得這句話的確所言不假。

因此我舉大家比較熟悉的國內政治人物說明這個現象。以現在的政治光譜來說，前總統李登輝被視爲是台獨精神領袖，但難以想像的是，竟然曾經是「國家統一委員會」的召集人，而國統綱領中明文將兩岸統一進程分爲短期、中期與長期，而最後就是要達成以三民主義統一中國的最終目標。

而且，李登輝還曾在一九九八年的台北市長選舉裡，拉起了現在被歸爲統派的馬英九的手，然後一起高呼我們都是「新台灣人」，也因爲這個關鍵的舉動，打敗了當時政績頗獲好評的陳水扁市長。

如果您是年輕的朋友們，大概會覺得這怎麼可能呢？這跟現在的情形完全兜不起來啊，但這卻是台灣政壇真真實實發生過的事，而這也正好說明了敵人與朋友之間常常不過是時間點的不同而已！

接著再把視角放到世界另一端來看看鬧得沸沸揚揚的歐債問題，不管是希臘、西班牙、葡萄牙、法國、英國，這些都是在歷史上曾經叱吒風雲的強國，甚至英國還曾經因爲殖民地遍布全球而被稱爲「日不落國」，如今卻一個個成了不是舉債、失業、人口老化、經濟蕭條的代名詞。

而過去落後到不行的東南亞地區，像是越南、寮國、柬埔寨，現在卻成爲具備雄厚實力的經濟新興地區。也就是說，在全球化的推波助瀾下，地球的改變變得更加急遽，富有與蕭條的國家與區域正在急速翻轉，這其實也是地球是圓的的一種另類解釋。

當然，這篇文章的主題並不是要談政治與經濟，而是藉由這些實際例子來廣義的說明，任何當下我們以爲的朋友或敵人、貧窮與富裕、得勢與失勢，很有可能在時間的推移下，就在不久的將來整個主客易位。

所以，就算眼前的這個敵人有多討厭多痛恨但都千萬要記住，不要把事情做絕，也不要把話說到無可轉圜，因爲我們都在這個大輪迴的轉盤裡，任何的終點，很可能是另一個新的起點；任何的敵對，也很可能在以後會變成緊密結合的盟友，所以在留點餘地給別人，其實也是留給以後的自己，因爲朋友與敵人的界線，在時間的輪轉下，總是出乎我們的意料……

醍醐灌頂小語：

人情留一線，日後好相見！

……民間諺語

六、「得理」，「饒人」；「理直」，「氣和」

想知道一個人的教養如何，
最好的機會就是看他在與人爭執時的表現；
想要了解一個人的品格，
那就觀察他對待敵人時所使用的手段！

時常在社會新聞看到類似的事件，血氣方剛的青少年，只因爲有人多看了他女朋友一眼，於是就跟對方起衝突，或是有些奧客到餐廳或賣場消費，只不過是遇到一點點的服務疏忽，就動不動要跟服務人員理論，或是要求找負責的主管來道歉賠不是，面對這樣的人，如果您是他的家人、朋友、男女朋友的話，這到底是福還是禍呢？

在很年輕的時候或許會這麼認爲：我男朋友的缺點就是脾氣暴躁了點，可是超有 Guts，他只有對其他人會這樣，對我的話是超好超體貼的，會暴躁都是爲了替我出氣……

我這個朋友超帶種的，跟他出去不必擔心會吃虧，什麼多大的經理照樣叫他過來賠不是，就連警察都敢嗆，超屌的……

當然，遇到服務不周，或是權益被剝奪的情形時，挺身出來捍衛自己當然値得被鼓勵，因爲息事寧人只會讓更多人受害。只不過「理直」必須「氣和」，「得理」必須「饒人」，更何況很多這種愛理論愛嗆聲的人，根本就不是站在得理理直的基礎上，常常不過是雞毛蒜皮的小事，甚至在道理上也不見得站得住腳……

其實，要觀察一個人，了解他真正爲人是如何的話，那就要看他在遇到爭執的時候是什麼反應了，因爲如果他會對別人理直氣壯、得理不饒人，甚至無理取鬧的話，那麼有一天那個對象一定會變成是自己。

有一種說法我非常認同，那就是在愛情裡，要看的絕不是對方此刻對你有多 Nice多體貼，而是必須觀察他對待過往情人的手段與方式，因爲從這裡可以看得出真正的品格。

因爲也許此刻你們是愛得死去活來的情侶，或是非常麻吉的 Body，但再好再麻吉的關係，也一定會遇到爭執摩擦的時候，當那個時刻出現的時候，他鐵定就會用那樣的方式來對你！

接著再來觀察個人、團體、公司，乃至於是國家之間的競爭，如果用正向宏觀的角度來看，「敵人」不必然等同於「仇人」，甚至敵人時常還是激勵自己銳變成更堅強的貴人，就像「少年 Pi的奇幻漂流」中，主角的一段 Os說：如果不是這隻老虎，我一個人能夠有這麼堅強的意志在海上搏鬥這麼久嗎？

而每每談到這個話題的時候，我總喜歡拿鄰近的韓國來當例子，因爲它一直是我們台灣始終擺脫不掉的勁敵，在先前的作品裡我也有談過，本人非常欣賞韓國人積極求勝的意志，但他們所用的手段卻不是那麼能夠認同，因爲我覺得，手段的磊落與否，決定了所得到的成功是否是有價值的！

所以，如果一個人能夠用光明正派的手段來與敵人競爭的話，那麼就算沒有取得最後的成功，但雖敗猶榮的品格才是最值得令人肅然起敬的驕傲。因爲這個世界上最不缺的，就是用盡手段、機關算盡而得來的成功⋯⋯

醍醐灌頂小語：

一個人的價值，應該是看他在實踐目標的過程裡付出過什麼，而不是最後得到了什麼！

⋯⋯鍾文飛（暢銷作家）

PART 12

關於勇敢與堅強

偶爾的沮喪一下、憂愁一會兒，

沒關係的，但只要記得，人生永遠是自己在過的，

難過之後就擦乾眼淚告訴自己：

我若不勇敢，誰替我堅強！

一、您想要上帝直接賜給我們果實？還是種子呢？

上帝只可能賜給予我們幸福的種子，而非果實！
因為我們必須要揮汗播種，才有可能含笑收割！
……西方諺語

先跟大家聊一個故事，有一個婦女做了個特別的夢，她夢到自己走進一間很特別的商店，從外觀實在看不出是什麼類型的商店，於是她好奇地推開門想一探究竟。一進到店裡，發現裡面沒有任何貨架，也沒有擺放任何商品，正當感到疑惑的時候，看到了櫃檯有一位慈祥和藹的老人對著自己微笑說：歡迎光臨，您好，我是上帝，這家店是我開的，很特別吧！雖然妳看不到任何商品，但因爲我是上帝，只要是妳想要的，我都可以賣給你喔！

婦人聽了之後大吃一驚，思考了一會說：我希望買到愛與幸福、永恆的快樂與喜悅、還有一筆可觀的財富能讓我過著優渥的生活！沒想到，上帝聽完之後微笑地對她說：不好意思，您可能會錯意了，因為我是真正的上帝，所以這邊只賣種子，沒有賣果實喔，妳說的這幾樣東西，得自己耕耘才能得到喔！

這個詼諧的故事，真的深深地打中了我的心，因為不管您是信仰什麼宗教，甚至是無神論者，但心中一定曾經祈禱過什麼、想望過什麼，只不過是透過不同形式的儀式進行著，也許是在廟裡捻著香、在教堂裡對著十字架上的耶穌基督，又或是雙手合十地默禱著，但不管如何，我們究竟在心中祈求著什麼呢？

是希望能夠中樂透頭獎變成億萬富翁、得到一份錢多事少離家近的工作、遇到一個高富帥或是美善慧的完美情人嗎？

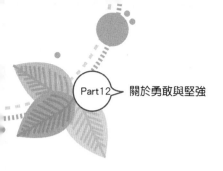

我一直很喜歡耶魯大學神學教授所講述的一段話：祈求上蒼能讓我有一顆平靜的心，去接受我不能改變的事；祈求上蒼能賜予我勇氣，去改變可以改變的事；也祈求上蒼能給我智慧去分辨兩者的不同。

所以我想，平靜的心、勇氣與智慧，這就是上天可能賜給我們的種子，但最後是不是能夠開花結果，就還是得靠我們自己的努力與毅力才能達成！

醍醐灌頂小語：

幸福的喜悅，並不存在於天上掉下來的心想事成，而是存在於辛勞播種的領悟之中！

二、千萬不能讓「冒險」從你的人生字典裡消失

上帝並沒有要求我們一定得成功，
祂只要求你勇於嘗試！

……德蕾沙修女

人們通常花了太多的時間來應付沿途上的問題，
最後卻忘了當初為什麼要走這條路？
結果對於生命中最重要的核心價值，
到最後反而渾然不知。
因為人們顯少做他們相信是對的事，
而多是挑比較方便的事，然後再來後悔！

……巴布、狄倫（Bob Dylan，美國搖滾、民謠藝術家）

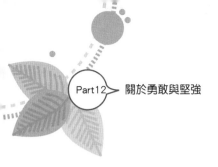

朋友們，如果您的年紀還很輕，心中有沒有非常渴望要去做的事呢？可能要冒點風險，能不能達成也還是個未知數，但也正因爲這樣才有奇特的魔力去驅使自己動手一搏吧！

如果您覺得自己不再年輕，甚至已經爲人父爲人母，肩頭上的責任越來越沉重，「冒險」這兩個字，大概已經該從人生的字典裡剔除了吧！

我想不可否認的，年輕的時候，大不了失敗了再從來，跌倒了，還有很多的時間與機會可以再站起來，但隨著年紀越來越大，已經沒有那麼多時間可以揮霍，必然會而降低了對冒險的挑戰能力！

但是，有沒有一種感覺是，對於生活越來越無言、對於工作越來越麻痺，很多時候就算閒下來，實在也不知道要做什麼，於是就跟大家做一樣的事吧，趕緊低頭滑、買貼圖、揪團購、跟排隊、追愛瘋、用名牌⋯，看看別人都買什麼、用什麼、吃什麼、玩什麼？然後自己也要如法炮製。於是生活就被這些給填滿了大部分，至於談什麼冒險啦、成長啦，那還真是有點遙遠的事呢！

其實，這些想要跟別人一樣而盲從的時間是可以省下大部分的，就像我們在迷戀享受「小確幸」的同時，也該撥點時間偶爾顛倒一下的來個「小冒險」吧！

什麼是「小冒險」呢？我想顧名思義就是「大冒險」的縮小版，因為也許無法達成像環遊世界、登聖母峰、去北極這種高難度的冒險，但至少必須勇於在平淡無奇的生活中找到能夠替心靈灌入活水的泉源。

我想每個人一定都有多年來在心頭一直想著，但卻沒有付諸實行的事情，比如像是到近郊來個兩天一夜的露營、造訪兒常遊玩的地方來趟舊地重遊、親手做一份很想品嘗的料理、找一個寧靜的地方靜靜地讀完一本書⋯這些看似平凡到不行的活動，其實很可能早就被繁瑣重複的生活給淹沒了⋯

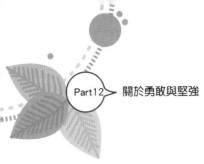

冒險的規模當然可大可小，而且在每個人身上的定義也必然不同，就像有人喜好高風險高報酬的投資，有人則偏愛穩定保本的投資標的，這沒有對錯，但重要的是千萬不能讓「冒險」這兩個字從自己的人生中消失，因為它能夠帶給我們心靈上的豐饒，我想那種感覺會跟拼命地盲從是

很不一樣的！

醍醐灌頂小語：

危險是什麼？它是讓弱者逃跑的噩夢，也是讓勇者前進的號角！

……西方諺語

人生的最大風險……就是你不冒險

……詹姆士柯麥隆

醍醐人物小檔案：

詹姆士．柯麥隆（James Francis Cameron 一九五四年），出生於加拿大，好萊塢名導演，目前電影票房史上最賣座的兩部電影——《鐵達尼號》（一九九七）和《阿凡達》（二〇〇九）都是他執導的作品。他的電影主題往往試圖探討人和科技之間的關係，《阿凡達》全球票房高達二十七億美金，成為世界票房收入最高、史上最成功的電影之一。

三、勇敢地去挑戰不可能！

人類史上大部分的進步，
都是由不接受不可能的人所完成的！
……比爾蓋茲

「不接受不可能」這六個字，
它代表著什麼意思呢？
我想大家都聽過有點老掉牙的一句話：
天下無難事，只怕有心人！
當然，除非我們還像孩子般那樣的天真，
不然一定都清楚不見得努力就一定能打倒困難，
但也的確有很多例子是，
困難的處境在意志堅強的有心人一而再再而三，

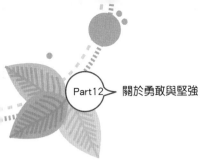

鍥而不捨地努力後，
真的慢慢就變成可能了，
因此，當我們不輕易地告訴自己不可能的時候，
那麼希望的曙光就會從黑暗的那一頭，冉冉升起……

近幾年來，汽車工業最大革命性地躍進莫過於無人駕駛的概念車了，當然這距離商轉量產還有一段距離，但可以想像在未來是很有可能實現的目標。

當然，談到無人駕駛車，我想五、六年級的朋友們一定會想起懷舊影集「霹靂遊俠」裡的麥克與夥計了（不好意思，又提了一次，因爲小時候實在是太迷了），還記得小時候與玩伴們總是驚嘆著夥計可以透過智慧型手錶呼叫就自動駕駛前往任務目的，覺得那真是太神奇了。不過迷戀歸迷戀，雖然那時年小，倒也清楚那只是影集而已，現實裡當然是不可能的。

但怎麼也沒想到，小時候以爲理所當然的不可能，竟然有很多目前

已經慢慢在實現當中，…

趕快拉回主題，這篇文章並不是要談論汽車與科技，而是想與朋友們聊聊比爾．蓋茲的這句話。也許在年少時，每個人都是初生之犢不畏虎地趕拼趕衝，沒有包袱不懂懼怕，不接受不可能這六個字相對來說容易的多，於是很多翻轉潮流的偉大進步都是這麼累積而來的。

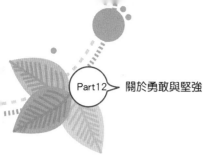

但隨著年齡越來越大，我想不大可能還有人會天真地相信世上只要努力就沒有不可能，如果用五年來區分一個人生階段的話，三十歲、三十五、四十、四十五歲…這樣以上類推的話，每當越過一個階段的時候，必須接受的就是，像體力、記憶、健康等跟過去的自己比當然是每下愈況的，而且在歷經了許多事與願違的磨難後，我們似乎越來越清楚的了解到，很多夢想除非是奇蹟出現，不然大概已經不大可能實現了！

也許有許多讀者讀到這會有個疑問是，比爾蓋茲的這句話只適用在年輕人身上，很多激勵人心的話語也只是給青少年看的！我想，隨著歲月增長會變得越來越認命是很正常的，因爲可能性也隨之減少，不可能的事會越來越多，但越是這樣，不輕易地把不可能這三個字掛在嘴邊就變得更加可貴。

因爲不管到了幾歲，如果完全失去了挑戰不可能的意志，那就只是在消耗生命而已。其實，不輕易接受不可能就是一股堅強的生命信念，而且它的價值並不在於非得達到預設的目標不可，而是在勇敢越境的過程裡所獲得的小小確幸，我想那種意料之外的快樂，才是生命中最踏實的幸福旅程。

醍醐灌頂小語：

讓人變得堅強的，並不是我們要做的事情本身，而是在做事情的過程中積極努力的態度

……海明威

醍醐物小檔案：

海明威（Ernest Miller Hemingway，一八九九～一九六一），美

國二十世紀最著名的小說家之一，他是美國「迷失的一代」（Lost Generation）作家中的代表人物，作品中對人生、世界、社會都表現出了迷茫和彷徨。最聞名作品《老人與海》曾獲得普立茲獎與諾貝爾文學獎的雙重肯定。《戰地春夢》則被美國現代圖書館（Modern Library）列入「二十世紀百大英文小說」中。

比爾・蓋茲（Bill Gates）微軟公司創辦人，一九九五年到二〇〇七年的《富比士》全球億萬富翁排行榜中，曾經連續十三年蟬聯世界首富。二〇〇八年六月離開微軟公司，並把五百八十億美元個人財產捐出以做公益。

四、別怕不完美，但要努力地讓缺陷成為可能的資產

不可能有人是生來完美的，
不完美才是人生的常態，
重要的是不要讓缺陷成為侷限！

接受不完美一直是談療癒與心靈成長的重要課題，內容大概都是要我們認清世界上並不存在完美的人、事、物，缺陷與遺憾總是在我們生命裡如影隨形，似乎完美總是個遙不可及幻夢。

當然，人生來本就不平等，有人出生在富裕的家庭，有人是天生麗質難自棄，有人是智商一八〇，有人則是擁有某種特殊的藝術細胞……，但不管你擁有了多大的天份，或是喪氣地覺得自己的每項能力都很平庸，這都沒關係，因爲就算外人看似什麼都很完美的人，其實都有不足爲外人道

的缺憾⋯

於是我舉個每個人都耳熟能詳的音樂大師貝多芬，他的故事大家也都略知一、二，他是德國著名的作曲家，但卻在三十二歲如日中天的時候，已經意識到自己耳聾難以醫治，因爲聽覺可以說是音樂家的靈魂，沒有了聽覺可以等同於死亡，但他卻在此時創作出最明朗的D大調第二交響曲。

而在與疾病不斷抗爭的過程中，他還是陸續創作了英雄交響曲、鋼琴奏名曲、莊嚴彌薩曲等，而這些作品讓他超脫了身體上的痛苦而進入了藝術昇華的境界！

另一個故事是來自於美國〈創業家〉雜誌（Entrepreneur）網站的報導，一位加州的工程師南達、霍茲（Nanda Holz）因爲車禍而導致脊椎受損而無法再騎乘腳踏車，於是他嘗試設計斜躺式的腳踏車，結果果真能讓他重新上路。

接著他又嘗試設計「曲柄向前」的腳踏車，也就是把傳統的橫向握把改爲直向，這樣的話能夠讓他更好操控。只是車商對這種獨特款式的設計並無興趣，於是霍茲決定創辦 Spin Cyclz公司，自行研發製作並販賣，如今已經能夠透過網路收到來自全世界的訂單。

這兩個故事都在告訴我們，不完美的缺陷無所不在，我們擁有的，很可能是別人所缺憾的，所以與其去怨嘆、逃避，還不如盡力的不要讓它成爲阻礙自己的侷限，也許正是因爲有了這些缺憾，我們才能夠意識到自己的獨特，並讓這些缺陷轉化成人生的資產…加油吧，朋友們！

醍醐灌頂小語：

缺陷，讓我們懂得學會對當下地擁有感到珍惜；沒有遺憾，就算給你再多幸福也無法體會快樂！

五、我若不勇敢，誰替我堅強

人生永遠是自己在過的，
難過之後就擦乾眼淚告訴自己：
我若不勇敢，誰替我堅強！

勇氣、沮喪、堅強、憂愁……
總是在生活中交錯存在著，
我們必然時而堅強、時而軟弱；
時而喜悅、時而憂愁，
不可能有人可以永遠堅強，
偶爾沮喪一下、憂愁一會兒，
沒關係的，但只要記得，人生永遠是自己在過的，
難過之後就擦乾眼淚告訴自己：

我若不勇敢，誰替我堅強！

這雖然這只是短短的十個字，但卻非常震撼人心，因爲「勇敢」與「堅強」這四個關鍵字是無論活到幾歲的我們都永遠需要的。

也許有人會說，勵志的話人人會說，但當真正遇到難以承受的苦楚時，每個人還不是都被打回了原形。沒錯，這的確是事實，因爲現實中有大多的打擊、困厄與事與願違，當它降臨時，在第一時間一定會感到不平、軟弱、哭泣並抗拒地難以接受…

這都是正常的，因爲我們的心是是血與肉結合而成的，不是鋼不是鐵，而且就算是鋼是鐵，也絕對有更強的外力能夠摧毀它。

所以不可能有人可以永遠堅強，因爲那不可能更不需要，重要的是我們必須知道，支撐在勇敢與堅強背後的，其實是一顆柔軟的心。必須先讓心柔軟下來，然後承認它並接受它！

當然，人生永遠是自己在過的，別人可以從旁推一把、拉一把，但堅強的力量永遠在自己身上，我們絕對有權哭泣、悲傷、甚至自怨自艾一

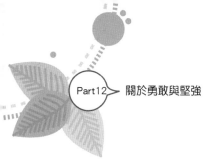

下子，但就只是一下子就好，因為日子還是要過下去，擦乾眼淚後，我們一定要自己勇敢地起來面對，並堅強向前行去！

醍醐灌頂小語：

人生佈滿了荊棘，我所曉得的唯一辦法就是勇敢從那些荊棘上迅速踏過。對於自己的不幸遭遇想得越多，它對於我們的傷害力就越大。

……伏爾泰

六、勇敢總是爆發在⋯⋯
驚覺自己再也沒有什麼可以失去的時候⋯⋯

如果你的勇氣拒絕你，那就重新超越你的勇氣，
因為真正的勇敢是，正對著恐懼，瞪視它！

坦然面對心碎是一種勇敢，
接受一無所有是一種勇敢，
在絕望中堅持到底是一種勇敢，
決定原諒自己是一種勇敢，
真正的勇敢是一正對著恐懼，瞪視它！

這是「那時候，我只剩下勇敢」小說中所節錄的一段話，此作品是作者雪兒、史翠德的親身經歷，並在二〇一四年被改編成爲電影搬上大螢

幕。

雪兒在花樣年華的二十多歲時遭逢母親突然的癌症病變而離世，在無法接受喪母的悲慟心情下，她意志消沉無法專心工作，並沉溺於濫交所帶來的刺激裡，也因此親手毀滅了好不容易建立起來的家庭。就在萬念俱灰的黑暗深淵裡，偶然間她讀到一本名爲「太平洋屋脊步道首篇」的書，讓她決定起身行動來瞪視心底的恐懼，展開一段未知但能帶來希望的艱苦旅程。

文中的一段：儘管在前進的過程中有許多不安與不確定，但往前走的這個行爲本身，讓我覺得這是正確的。好像光是這麼做所付出的努力就代表許多意義，似乎身處在荒野中這樣神聖而不可褻瀆的美麗中，無論過去我失去過什麼，曾被奪取了什麼，無論過去我曾在他人或自己的身上，或他人曾在我身上做過什麼憾事，我仍舊能夠變回純淨無瑕、未受玷污的我。我曾懷疑過許多事情，但這件事我始終深信不疑，這片荒野的明晰清澈，有我容身的一席之地！

雪兒的這段文字讓我想延續前一篇「我若不勇敢，誰替我堅強」所談的，那就是若是在生活中遭逢了殘酷的打擊之後，我們會暫時的失去勇氣，這是正常的。只是，生命終究不能長時間被恐懼給盤據，而我們所能做的就是重新地跨越自己，然後超越你的勇氣！

當然，勇氣絕對不是好萊塢電影裡的那些英雄強者，而是面對、接受、行動與堅持，因爲當我們驚覺再也沒有什麼可以失去的時候，僅剩下來的勇敢將擁有最具爆發力的能量！

醍醐灌頂小語：

絕對、絕對、絕對不要放棄。

……邱吉爾（Winstom churchill）

動手去做你最害怕的事，恐懼就會消失。

……馬克、吐溫（Mark Twain）

醍醐人物小檔案：

邱吉爾（Sir Winston Leonard Spencer Churchill，一八七四～一九六五），曾於一九四〇年至一九四五年出任英國首相，任期內領導英國在第二次世界大戰中聯合美國等國家對抗德國取得了最終勝利，並自一九五一年至一九五五年再度出任英國首相。邱吉爾被認為是二十世紀最重要的政治領袖之一，此外在文學上也有很高的成就，曾於一九五三年獲諾貝爾文學獎。在二〇〇二年，BBC舉行了一個名為「最偉大的一〇〇名英國人」的調查，被獲選為有史以來最偉大的殊榮。

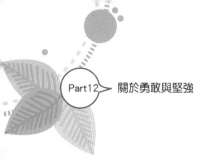

PART 13

關於寬廣的心，寬廣的未來

地表上最廣闊的是海洋，比海洋還要遼闊的是天空。然而，還有可能比天空還要寬廣的，那便是我們願意敞開翱翔的心扉！

一、放下手機，抬起頭來，走出去吧！

打開那扇窗門走出去吧，
外面的世界可大著呢！

……豐田佐吉

那個世界雖然繽紛，
但卻不是真實的；
那個世界雖然多元，
但卻缺乏靈魂的重量；
那個天地雖然方便迅速，
但卻沒有帶來相對地深刻與價值。
也許我們生活的四周跟那裡的繽紛比較起來顯得貧乏許多，
但畢竟那是自己真實的經歷，

所以相對於那個虛擬出來的真實，
活生生出現我們眼前的一切，
應該要比任何不確定是否存在的絢爛要有價值得多…

有一份調查是說，台灣在 LINE的使用率上是全世界第一，反倒是很多歐美國家對這類網路上的通訊軟體並沒有那麼的熱衷，這也顯示了台灣社會對網路的依賴其實是過度的！

如果簡單對自己做個測試，忘了帶手機出門，你會感到恐慌嗎？臉書上的 PO文若是沒有人按讚，會不會感到懊惱？在 LINE上遇到已讀不回的情況，會不會覺得坐立難安呢？其實這些都是網路沉溺的初步症狀，而且我想大概是每個人幾乎都有，只是程度上的不同而已。

當 iPhone6持續在市場上熱賣的同時，美國紐約時報上的一則新聞讓人覺得值得深思，報導上說蘋果已故創辦人賈伯斯在受訪時曾表示：我很在意孩子在家使用 3c產品的程度，晚上與家人用餐的時候，我會與孩子們聊書籍、歷史或是生活上的各種話題，但就是不希望他們拿出 iPhone或

iPad來拚命滑。

而且不只是賈伯斯，有不少科技公司的執行長或創投家也都嚴格限制孩子們低頭的時間，甚至到十四歲才會給他們買智慧型手機。一開始看到這則報導的時候實在有些難以置信，這些利用科技產品賺進大把鈔票的尖端人士，竟然很有默契地想要讓自己的下一代免於太過沉溺在3C產品中！

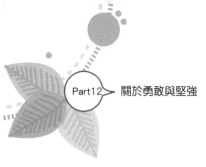

的確，網路改變了這個世界的生活型態，因爲人們幾乎無時無刻依賴著網路，我想假如有個古代人穿越時空來到現在一定會嚇到，想說到底是什麼厲害的巫術，還是什麼宗教儀式在集體做什麼法嗎？竟然能讓整群人低著頭滑個不停！

這當然只是我開玩笑的一個說法，只是如果我們回歸理智來看，任何科技的發明起初都是立意良善的，希望輔助人類的生活並帶來便利，但卻時常在發展過程裡出現了始料未及的情形。所以面對網路上癮這個現代人必須去克服的無形嗎啡，我想起了Toyota創辦人豐田佐吉的這段話，而且那扇窗只要我們願意勇敢抬起頭來就能打開，然後用雙腳走出去體驗、用耳朵靜下心來地去聆聽、用雙手真實去觸摸、拿出真心用心地去感悟，我想這樣一定能夠慢慢地脫離它無形的控制。

畢竟，外面的世界可大著呢，您說是嗎？

醍醐灌頂小語：

若總是低著頭，又怎麼有機會看見美麗的彩虹呢！

……卓別林

醍醐人物小檔案：

豐田佐吉（一八六七～一九三〇），日本發明家，豐田自動織機的創立者。其子為豐田汽車的創立者豐田喜一郎。

二、三日不讀書，真的面目可憎！

誰要是沒有被一本好書俘虜過，
那將是個很大的遺憾！

……尤里、邦達列夫

滑手機能夠幫你殺掉時間，
卻不能豐富你的靈魂。
上Google能夠迅速查到資料，
卻不能讓你變得睿智。
書本是精神上最好的避難所，
打開書，是一個靜謐而深刻的時空，
闔上書，是一個喧鬧擾嚷的世界；
打開書，是一個豐富而知性的時空，

闔上書，是一個膚淺而表象的世界…

現代人是不是越來越不看書了，朋友們問問自己，多久沒有認真地看完一本書了。也許很多人會說，每天工作那麼忙，回家就已經身心俱疲，哪還有時間看書呢？

那麼再問問自己，睡前的一小時都在做什麼事呢？是盯著那愛不釋手的手機嗎？還是回覆社群網站裡的訊息呢？還是在玩遊戲、看韓劇呢？有一種說法是，睡前的一小時做什麼事，決定了一個人的心靈品質。

當然也有人說，上網也是在充電啊，網路上各式各樣無奇不有的東西那麼多，所以低頭沉迷網路也會增廣見聞啊！只不過，正因爲網路沒有任何容量的限制，可以執行無止盡的連結，但連結無限化的結果反而造成了訊息的膚淺化，任何資訊只存在表層面的知曉，看過了知道了之後就再前往下一個連結，所以也許看過的資訊非常多，但一跟一百、一千卻沒什麼多大的不同，更毫無知識的縱深可言。

反過來，傳統的書籍正因它不能連結，沒有聲音更不能播放影片，就只是一個字堆成一行字，一行字堆成數十行，數十行堆成一頁，如此而已。正因爲很簡單無法變化，因此閱讀的時候就不會有太多的干擾，一字一句，一行一頁地慢慢咀嚼，如此才能將訊息化爲知識，並讓知識成爲智慧。

而且，閱讀還有個更重要的修練是，必須要把心靜下來才能讀得下書，如果是心浮氣躁是很難把書讀完的。但反觀上網這件事，時間越久越感到空虛，越是空虛每個頁面停留的時間就越短，這有點像轉電視遙控器一樣，如果沒有鎖定要看哪個節目，從第一台轉到一百多台，然後再從一百多台轉回來，如此來來回回的一顆心就跟遊魂似的！

因此，閱讀可以讓我們的靈魂擁有深刻的沉靜與從容，所以如果能夠細細地咀嚼一本書，愛上書裡的某個段落、某段故事、某種字裡行間的情感，我想那種心靈悸動一定會比掛網掛到天荒地老要值得的多……

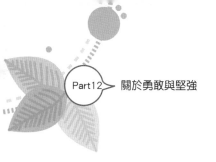

醍醐灌頂小語：

不必告訴我你讀過些什麼書，從你的言談間我就可以察知；不必告訴我你和哪些人交往，從你的舉止我就可以看出。

……愛默生

醍醐人物小檔案：

尤里．邦達列夫（一九二四～），蘇聯、俄羅斯作家。著名作品有中篇小說《最後的炮轟》、《營隊請求炮火支援》，長篇小說《熱的雪》、《岸》等。

三、啟程一趟真正的發現之旅

旅人的目的地並不是一個地點，
而是看待事物的新方式！

……亨利、米勒Henry Miller

在時間的推移上，我們常把人生比喻成一趟不能回頭的旅程，走過的路途與風景，過了就是過了，再也不可能回來重新領略。

而在空間的世界裡，我們則是很容易活在日復一日的慣性生活裡，每天在固定的時間去固定的點，走相同的路，做相似的事，時間一久難免會覺得枯燥乏味地像一灘死水般了無生氣。所以旅行就會變成乏味生活中的一帖潤滑劑，寄望在暫時出逃的抽離中，把自己丟向一個未知，將規律的時間打亂，去看不同於以往的風景，接受著旅程裡無法預料的變化…

然而，旅行的意義究竟是什麼呢？是一張張 PO上臉書的照片、當地花錢買的一堆紀念品、信用卡的飛行里程數累積⋯

曾聽一位朋友說他與一位國中時期的兒時玩伴一起同遊，但沒想到旅行的過程中這位兒時玩伴竟然整天目不轉睛的滑手機，到了目的地後就拼命拍照，拍完又盯著手機 PO上臉書，接著就狂買一些紀念品，就這麼地度過了五天的時間，但兩個人真正聊天談心的時間是少之又少。

這位朋友說還好是跟團，不然要是自助旅行的話那可能真的會大吵一架，不過他說不會再跟這位玩伴一起出國了。也難怪有種愛情的課程是，想知道愛到昏頭的對方究竟能不能一起生活，那就跟他去一趟自助旅行就知道了。

大概只需要短短的一個星期，原本隱藏的本性就都會曝露出來了，像是價值觀、處理問題的方式、欣賞的東西、感興趣的事物、活動的步調⋯

所以，用亨利、米勒 Henry Miller的這句話來省思旅行的真義的確是再適合也不過了，因爲旅遊的目的時常只不過是到距離比較遠，或是到易達度比較低的地方而已，但最重要的是，怎麼與旅伴一同譜出新的視野與觀點，我想這才是一趟不虛此行的發現之旅。

醍醐灌頂小語：

世界有如一本書，不旅行的人，讀的永遠是同一頁。

……奧古斯丁

如果你告訴人們目的地，而不說該怎麼到達那裡，你將對結果感到驚訝不已！

……巴頓將軍

醍醐人物小檔案：

奧古斯丁（Saint Augustine，西元三五四～四三〇年）。早期西方基督教的神學家、哲學家，出生於羅馬帝國在北非的塔加斯特城，在羅馬受教育，在米蘭接受洗禮。思想上有著明顯的新柏拉圖主義的色彩，看重永恆形而上的事物，輕視感官可及的事物，堅持必須解放感官的奴役，才得以達到靈魂的淨化。著作《懺悔錄》被稱為西方歷史上「第一部」自傳，至今仍被廣為傳誦。

巴頓將軍（George Smith Patton, Jr.，一八八五～一九四五），美國陸軍四星上將。二次大戰時他帶領官兵在北非戰場通過卡薩布蘭加進入地中海戰場，並在此迅速恢復了原本受挫的士氣。一九四四年在諾曼第戰役中成功地指揮一場快速穿越法國的閃電行動，解救了被圍困的美軍，並在戰爭結束前率先帶領部隊進入德國本土，成為二次大戰歐洲戰場的靈魂人物。

四、讓我們打開新視野來感受眼前的世界吧！

真正的發現之旅不在於找尋新世界，
而是用新視野來感受眼前的世界。
……普魯斯特（Marcel Proust）

繼續談旅行的深層意義，並不是指去的地方有多遠、多奇、多屌，而是旅行所帶給我們的視野與高度，以及回來之後心靈的沉澱與洗滌。

其實近幾年來，旅行早已經被過度商業化的炒作，各種旅展、購物台或是旅行社所販賣的套裝行程，再加上網路上各種職業部落客的加工宣傳：像是今生一定得去的某某地方、一定得吃的異國美食，一定得去體驗的…一張張美不勝收的照片外加名人的口碑加持…但是，旅行的真正意義是這樣嗎？

我想延續前一篇亨利、米勒 Henry Miller的那段話，而普魯斯特

（Marcel Proust）的這段話則更是個很棒的呼應，因爲其實在現實的生活裡，並不是每個人都像那些旅遊達人般有那麼優渥的條件可以行萬里路，多數的朋友還是得在柴米油鹽醬醋茶的壓力裡努力著，不大可能隨時率性的說走就走的四處遊歷。

而正如奧古斯丁說的：世界有如一本書，不旅行的人，讀的永遠是同一頁！

因爲若是沒有帶著心帶著眼去旅行，而只是把它當成一種流行、一種時尚、一種消費的話，那麼就算常常旅行，那也不過是一直在同一行字打轉而已。

所以，就從我們生活的周遭開始吧，想想看，就在我們工作或生活著的這個城市，是不是還有很多地方都還沒去遊歷過呢？問問自己是不是每天都走同樣的路呢？一直是從同樣的起點往終點，然後再從終點回到起點，而且在重複往返的過程中，我們的心眼究竟是打開著還是緊閉著呢？

是不是能夠試著偶爾換一條不一樣的路線走呢？更換不同的交通工具呢？又或是觀察看看不一樣的時間，不一樣的季節走同樣的路，感覺看

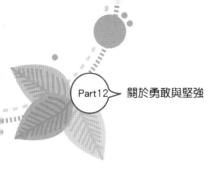

看有沒有發現什麼不一樣的景緻呢？

我想，只要我們願意打開新的視野來感受眼前的世界，那麼走著走著，也許會有著發現桃花源般的意外驚喜也說不定呢！

醍醐灌頂小語：

旅行的真諦並非走訪異鄉，而是在最終能以遊覽異鄉的心情來體驗故鄉！

……卻斯特頓

醍醐人物小檔案：

普魯斯特（Marcel Proust，一八七一～一九二二），法國意識流作家。意識流是一種特殊的寫作筆法，也就是在時間上可以做無限的鋪陳，也可以隨意壓縮，而過去、現在、未來的時間線性可以在意識流中顛倒、交疊，並相互滲透，並在當中夾雜了大量的議論、聯想、心理分析。他在寫作時認為題材並不重要，重要的是將「客觀世界」反映到「主觀意念」中，以藉此營造出獨特的個人世界。著名作品為《追憶逝水年華》（la recherche du temps perdu）。

卻斯特頓（Gilbert K. Chesterton，一八七四～一九三六），英國推理作家，是最早提出「偵探小說應視為一種文學形式」的論述，成為推理小說史上不可或缺的大師級人物。

國家圖書館出版品預行編目資料

醍醐灌頂的一句話：從一個激勵、一份療癒開始的簡單力量 / 葉威壯作. -- 初版. -- 新北市：華志文化, 2016.07
面； 公分. -- (全方位心理叢書 ; 17)
ISBN 978-986-5636-58-6(平裝)

1. 修身 2. 生活指導

192.1 105009246

華志文化事業有限公司
系列／全方位心理叢書C317
書名／醍醐灌頂的一句話：從一個激勵、一份療癒開始的簡單力量

作者　葉威壯
執行編輯　楊雅婷
美術編輯　簡郁庭
封面設計　王志強
文字校對　陳麗鳳
企劃執行　康敏才
總編輯　黃志中
社長　楊凱翔
出版者　華志文化事業有限公司
電子信箱　huachihbook@yahoo.com.tw
地址　116台北市文山區興隆路四段九十六巷三弄六號四樓
電話　02-22341779
印製排版　辰皓國際出版製作有限公司

總經銷商　旭昇圖書有限公司
地址　235新北市中和區中山路二段三五二號二樓
電話　02-22451480
傳真　02-22451479
郵政劃撥　戶名：旭昇圖書有限公司（帳號：12935041）
書號　C317

出版日期　西元二〇一六年七月初版第一刷

華志文化